「吉備学」への助走

「連塾・健塾・地域創生学研究所」の挑戦

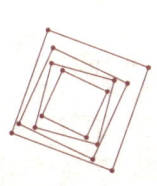

松畑熙一

吉備人出版

「吉備学」への助走

まえがき

科学技術や経済の急速な発展に裏打ちされた「モノ優先社会」と反比例するかのように、地域の活力は失われ、心の豊かさは希薄化しています。このままの社会が進行していったら、10年後、20年後の日本はどうなってしまうでしょうか。

7年ほど前、岡山大学の定年退職を数年後に控えて、定年後の人生設計を考えていて一念発起した。「今まで約60年間も社会にお世話になって無事退職を迎えることができるのであるから、これからは社会に〝恩返し〟したい。そうだ、退職金で私塾のセミナーハウスを建てよう」

吉田松陰は幕末に生きた非常に情熱的な人で、30年という短い生涯ながらも、自身の情熱で多くの人たちの心を揺り動かした。松陰の倍以上も馬齢を重ねていながら、やっていることといったら彼の半分どころか10分の1にも達していない自分を発見して愕然《がくぜん》とした。

「よし、現代の〝松下村塾〟を目指そう。そのための勉強をしよう」

それまでは英語教育・国際理解教育が専門で、比較的「ヨコ糸」は強かったが、「タテ糸」が弱い。これでは織物は織れない。これではいけないと、歴史・伝統・文化の学習を始め、県立図書館にもほぼ毎週土・日に通い、「一週間平均2冊」の読書を始めた。読んではまとめ、読書ノートは今や1000ページにもなろうとしています。やっと少しは「タテ糸」も強くなり、講義ノートも増えていった。

岡山市京山の借地に、自然に囲まれた別荘気分で学び合いたいと思って木造家屋を建て、「コミュニティ・プラザ連塾」（renjuku.org.）と命名しました。21世紀のキーワード、それは「連」（つながり）です。人と人・

人と自然・人と歴史の「連（つな）がり」です。連（つな）がりを重視した地域創生リーダー養成塾です。また、「地域創生学」という新たな学問の体系化を目指して「地域創生学研究所」も併設しました。

２００５年４月23日に開塾しましたが、山陽新聞の記事に大きく取り上げられたこともあって、１期生51名という多くの方々が入塾されました。18歳の大学生から67歳までの会社員、医師、公務員など、職種も居住地域も多様で、地域創生への志と熱気に満ち満ちています。

「一人が変われば社会は変わるを合言葉に、〝世直し隊〟となる人材を多く輩出していきたい。」

今活気を失っている地域の「再生」に留まることなく、「地域創生」を。保存・再生をしながらも、新たに望ましい地域を創っていく意気込みが大切です。定例の会としては毎月１回土曜日午後にセミナーを開いて、歴史や文化、地域活性化への具体方策などを学んで地域創生リーダーとしての資質を高め、各種地域創生活動を実践してきました。

２年目の第２期生を迎えてさらに活動も広がりと深まりを増しつつあります。その一つは、連塾の姉妹塾としての「健塾」が新たにスタートしたことです。これは原則として50歳以上の方を対象とし、「福寿社会創生リーダー」を養成する塾です。連塾と健塾、そして地域創生学研究所が連携協働していろいろな活動を展開しています。たとえば、桃太郎にちなんだ雉《きじ》肉やキビ団子など地元食材による「桃太郎鍋」、すべての人が楽しくできる健康体操である「吉備キビ桃太郎体操」、江戸時代の旧山陽道を親しむ「歩こう・連（つな）ごう・旧山陽道」のウオークなどです。２００７年11月２日から始まる「第19回全国生涯学習フェスティバルまなびピア岡山」には、この三点セットを中心にした「岡山発学びスタイルの全国発信」をしたいと考えています。

本書は、連塾を始めて１年半の活動を踏まえてまとめた活動報告書であり、今後新たに地域創生学としての「吉備学」を確立するための助走活動書でもあります。岡山県の15大学の連携組織として今年度からスタートした「大学コンソーシアム岡山」と協働しながら、産学官民が一体となって新たな総合学としての「吉備学」を打ち立てるべく「吉備学会」も発足させたいと考えています。

2007年3月

「連塾」「健塾」塾長・「地域創生学研究所」所長
中国学園大学・中国短期大学学長

松畑熙一

「吉備学」への助走■目次

カバーデザイン・鈴木ワタル

Ⅰ．「一粒豊穣」の精神

1.「ビューティフルな生き方」を求めて

私たちは今、どのような社会に住んでいるでしょうか。最初に、「現代が抱えている基本的な課題」から考えてみましょう。多様な様相を呈しており、捉えにくいのですが、一つの特徴は、変化の激しさです。変化が激しいため、少し誇張すると、昨日の常識が今日は色あせるほどで、常識が急速に古くなっていく時代です。変化のスピードを形容する言い方に「ドッグ・イヤー」というのがあります。これは、犬の1年は、人間の7年に匹敵し、過去の7年で起きた変化が1年で起きる時代というわけです。

極めて複雑な要素が絡み合った変化の激しい時代ですので、専門的な知識だけでは太刀打ちできないのです。もっと広く、実際的な「職業的態度・能力・知恵」が要求されます。技術的なスキルにとどまらず、センス・マインド・スピリットといった情意的資質がより重要な時代です。「分析力」「直観力」「発想力」「企画力」「交渉力」などの言葉で表現しにくい知恵が大切です。

私たちは今、非常に物に恵まれた便利な生活をしています。物の豊かさと便利さを中心とした経済成長の面からみれば、戦後の日本は確かに、大きな成功を遂げました。しかし、本当の意味での「豊かさ」を実現しているでしょうか。私たちの日々の「生活の質」は向上しているでしょうか。「衣食足りて、礼節を知らず」の状態にあるのではないでしょうか。

今や、「モノの豊かさ」よりもむしろ、心の豊かさや心地良さ・美しさ・面白さなどの感性価値の充実を追求する社会が求められています。個々の生活が、損得ではなく、それが楽しいことかどうか、地域社会や地球環境にとって意義深いかどうかの社会的価値にどれほど繋《つな》がっているかが重要なポイントとなります。一人ひとりの経済価値と感性価値、そして社会的価値の三者の総合によって生まれる新たな連帯・協働が地域変革へと繋がっていきます。

日本人の美学は、「わび・さび」に求めることもできますが、「朝日（未来志向）と桜（集団主義）」に見出すことができます（堺屋太一、２００６・８）。

「敷島の大和心を人問はば朝日に匂う山桜花」（本居宣長）

この歌の「朝日」と「桜」に注目しています。太陽信仰は世界的に珍しくないが、その太陽を「朝日」に限定して、一日が始まろうとしている朝日に未知なる一日への期待感を持って尊んできた。

一方、「桜」は、パッと咲いてパッと散る「潔さ」のたとえとして言われることもありますが、武士の極めて限定的な世界においての話であって、一般的ではない。むしろ、桜を日本人が愛したのは、「花一つ一つに個性がなく、一斉に咲き一斉に散る集団性」のためだと考えられています。そう言えば、桜は集団でこそ美しい花です。絵画でも、一輪ずつ個性的に描かれるバラや牡丹《ぼたん》などと違って、桜は、何本も寄り集まった一面の色、「集団」として描かれることが多いようです。

このような集団思考の美学が日本人の美学の基本にありますが、今後は、「集団の中で輝く個」の美を求めていくことが重要となるでしょう。

「ビューティフルな生き方」、それは、質的に高い、社会的に価値のある人間らしい生き方のことです。自然と人間が共生した本当に「人間らしい生き方」をするためには、私たちが住んでいるコミュニティをつながりのある「ビューティフル」なものにすることが最も求められることではないでしょうか。社会全体が行政側や企業側の論理で展開されたプロダクト・アウトという考え方から、地域住民という生活者の質的向上と高い満足度というマーケット・インの考え方に転換していくことが求められています。

「ビューティフルな生き方」というときの美しさは、「つながりの美」として考えることができ、主として次の4種類に大別することができます。

①　人の内面と外面のつながりの美しさ

人の内面（心）は、外面（身）に表れるものです。私たち一人ひとりが、「心・身のつながりの美」を目指して生きることが基盤となるものです。体全体の動きによってかもし出されるもの、特に顔に表れる生き生きとした明るい表情に表れる美しさは、心の底から照らし出されるものです。顔に化粧する以上に、心に化粧して内から輝く光を大切にしたいものです。

内と外、それは見えないものと見えるものとの関係としても捉えることができます。サン・テクジュペリは『星の王子さま』の中で、外からは直接見えないものの大切さを心で探すことの必要性を教えてくれています。

「砂漠が美しいのは、どこかに井戸を隠しているからなんだよ」

「家でも星でも、砂漠でも、その美しいところは目に見えないのさ」

「目の前に見えているのは、人間の外側だけだ。一番大切なものは目に見えないのだ」

「人は皆、幸せを求めているが、幸せがみつからないのなら、それは彼ら大人の責任だ。なぜなら人は自分が探し求めているものが正確にわかっていないのだ」

②　人と人のつながりの美しさ

日本の村には古来から、「結（ゆい）」という美しい人的ネットワークがあります。1軒だけでは生きられない村の暮らしをお互いの労力を交換する結によって助け合った。生活の必要性から農業以外の多様な仕事もこなす「百姓」が中心で、畑仕事も農産加工も、また除雪や冠婚葬祭なども、すべて助け合い精神の結で結び合っていた。しかし戦後は貨幣経済の発展や機械化・都市化などによって村の結も衰退の一途をたどっています。そのような中で、結の保存運動が活発に行われている地域もあります。たとえば、福島県下郷町大内ではいまなお結によるさまざまな共同作業が生きています。この村の家並みを見るために年間70万人の観光客が訪れるという。その美しさに心をうばわれ、自分の村で美しく住もうとする精神の所在については見過ごしてしまいがちです。みんなで農作業をして汗を流すという労働とそれが完成したときの喜び、そして一緒に手伝い合える仲間がいることのありがたさを実感することができます。一人の力は小さくても、その力を結び合わせると美しい村になるのです。これぞ「ビューティフルな生き方」の典型です。

③　人と自然のつながりの美しさ

「古の人は民と偕《とも》に楽しむ　故に能く楽しむなり」（孟子）

日本人は古来から、美を真や善よりも高位に置く価値観をもってきたようです。美なるものは本来清きものと考えてきたのです。日本列島の豊かな自然の中で、自然と共生し、毎年廻ってくる自然の変化の中で、時の流れと人の営みの意義がみつめられてきました。人と自然はいわば一体化したものとして感知されてきました。本居宣長によれば、真心とは神代から続くやまとの感性であり、悪心も善心も、もののあわれを知る心も、花鳥風月の情緒を感じ取る心も、人情の機微を知る心も、すべて真心なのです。日本の従来からの美と心は、本居宣長の「もののあわれを知る」心であると言えるでしょう。「もののあわれ」は、日本人の無常観を根源で支えるものです。それは幽（神）の世界を合わせて「顕」（現実）の存在や現象を見ることなのです。

④　人と歴史・文化のつながりの美しさ

近代化・工業化の進展による大発展の負の生成として、伝統的な文化が色あせ、利己的な利那《せつな》主義・快楽主義に流され、世界的な資源枯渇と環境破壊という大きな問題を背負っています。

今こそ近代西欧の神話から目覚めて、人類自滅への道から離脱しなくてはならない。それは単に過去を美化することではない。地球科学の常識と将来世代の意識をもって、伝統体の特性を見直し、本来あるべき人と歴史・文化のつながりの美しさを探究し、有限な地球と共に生きる姿勢を追究していくことが必要でしょう。

〈課題（1）〉
「面白い」って、どうして「面」が「白い」と書くのだろう？

「面白い」ということばは、実に面白い。多様で深い意味を包含しているからです。少し、辞書をひもといてみよう。

「おもしろい」‥「上代では目の前の明るい景色についていうとみられる例が多いから、「面（おも）白（しろ）し」で、おもて（表面）が明るいが原義か。

「衆倶相見面皆明白」（モロモロトモニ相見ル。オモ皆シロシ。）（『古語拾遺』）

後に一般に情緒、風情また興趣のあるもの、さらに風の変わったものの意にも移った。

① 楽しくて心がひかれる。愉快だ。　「学校が面白い。」
② 興味をそそられる。　「面白い男だ。」
③ こっけいだ。おかしい。　「面白いかっこうのちんどん屋」
④ （「面白くない」の形で）望ましくない。不愉快だ。　「面白くない結果に終わる。」

⑤（文語：「おもしろ・し」）

1）趣がある、風流だ。「月ばかりおもしろきものはあらじ。」（徒然草）

2）美しい。みごとだ。「かきつばた、いとおもしろく咲きたり」（伊勢物語）

（『新選国語辞典』、小学館）

これらを総合すると、「面」は、「面長（おもなが）の顔」というように、顔を言い、「面白い」は、趣があり素晴らしいことに出会ったときの様子に原義があると言えよう。つまり、「面白い」とは、素晴らしいことであり、「面白い人生」とは、「素晴らしい人生」を言うのです。

次に、英語ではどうでしょうか。「面白い」は、1語では表せません。たとえば、'amusing'，'pleasant'，'interesting'，'attractive'，'unusual'，'joyful'，'funny'などです。

このように「面白さ」を追究してゆくと、きわめて大きな広がりへとつながってゆきます。「面白い」は英語では普通'interesting'ですが、類義語の一つに'unusual'があります。この単語に注目してみよう。'unusual'の意味の一つに、次の意味があります。

interesting because different from others（他と違っていて面白い）

日本語での「普通でない、異常な」というのは、良い意味で使われることはまずありません。ところが、英語では、良い意味で使われるのが普通です。また、'exceptional'も同様なことが言えます。日本語の「例外的な」は、良い意味で使われることは比較的少ないでしょうが、英語では、基本的に良い意味しかない。'unusual'と'exceptional'は同義語で、「すばらしいこと」です。

このように英語を見てくると、「面白さ」の原点は、「他と違うこと」であるということが分かります。日本人は、集団志向が強く、「合わせる文化」で、人と違うことはむしろ嫌う傾向があります。人と違って目立つと、いじめの対象になったりすることにもなりかねないので、できるだけ目立たないようにと配慮することが多い。ところが、英語は個人志向が強く、違いをできるだけ強調して「目立とうとする文化」であることにつながっていて面白い。

〈エピソード（1）〉　「還暦の誓い」

熟年教師Kが還暦を迎えることとなった。再び生まれた時の干支に還った。嬉しいことに、人生をもう一度生きさせてもらえるのです。毎年、「新年の誓い」をしていますが、還暦を迎えた時は格別でした。新たな人生のスタートとなるのだから。最初の60年間のライフ・サイクルも波乱万丈で実に面白い人生でした。しかし、さすがに欲張りな熟年Kのこと。2回目のサイクルに突入する2000年の正月はいつもと一味違っていました。やはりミレニアムを意識してのことです。いつものようにその年の誓いを手帳に書き留めた。それは、「もっと面白い人生を」であった。今までも結構面白い人生でした。特に悔いはない。しかし、面白さのもっと上のレベルをめざしたい。

2000年は全く特別な年です。外ではミレニアム、内では還暦となる辰年。辰は想像上の動物だが、無病・幸福のシンボルです。こんなめでたいことは二度とない。本来のオツムのめでたさに加えて。

2. 日本人の底力

〈課題（2）〉
日本人は〝創造性〟に欠ける国民だろうか。

日本人は、「創造性」に欠ける、とよく言われます。そうなのでしょうか。下のデータを見てみよう。

この数字は、極めて意外ではないでしょうか。世界の特許実案出願累積数で、圧倒的に世界第1位なのです。しかも、よく引き合いに出されるアメリカとは、大きく差が開いていて、人口1万人当たりに換算すると差はさらに歴然と現れるのです。「創造性」とは何かが問題ではありますが、その大きな一つの指標と考えられる特許数（発明力）から見ると、世界一なのです。むしろ、創造性の豊かな国民とさえ言えるのです。このようなデータが示していますように、日本人はどうも一面的に考えて、卑下することが過ぎているのではないでしょうか。

日本は、小さな島国で資源が乏しく、偏狭な考え方になりやすい、など。確かにマイナス的課題は多くありますが、それらをプラスに変えることこそ現代に求められているものです。そのようなプラス思考の基盤となるものの一つは、日本人としての自信と誇りを持つことで

〈世界の特許実案出願累積数〉

		（万件）			（人口1万人当たり）（件）
第1位	日　本	951	第1位	日　本	786
第2位	アメリカ	186	第2位	ドイツ	209
第3位	ドイツ	162	第3位	韓　国	149
第4位	韓　国	61	第4位	台　湾	110
第5位	イギリス	54	第5位	イギリス	97
第6位	中　国	42	第6位	オーストラリア	96
第7位	フランス	33	第7位	アメリカ	78

（石原藤夫、2000）

す。

「日本の大衆は世界で一番学問水準が高く、勤勉で真面目で、そのうえ豊かでけっこう冗談も文化もわかる。またお互いに助け合って、生活を豊かに楽しむ方法を知っている。日本にはそうした『普通の人』が1億2000万人もいるが、これは凄《すご》いパワーである」と日下公人氏は言っています。また次のような事実が報告されています（日下公人、2000）。

① 世界で最も美しい女性の第1位は日本人であり、ハンサムな男性の第2位は日本人です（タイのバンコク周辺タイ人2800人対象の各国を比較するアンケート調査）。

② 日本から世界へ発信している文化がたくさんあります。

『家なき子』『アルプスの少女ハイジ』などの日本製アニメに見られる日本式の礼儀作法や家族主義、軽自動車は21世紀のグローバル・スタンダード、シルバーという凄いパワー、など。

③ 日本は超先進国です。

脱軍備、脱武器輸出、脱宗教、脱イデオロギー、経済第一、清潔第一、勤勉第一、平和第一、少子高齢化、民主主義、自由主義、家族主義、省エネ、巨大都市、教育の普及、知識と文化の尊重、等々。

④ 20世紀は日本の時代だった。

人種平等を実現した世紀、日本は単独で白人絶対時代を終わらせた、今や世界の大国はアメリカと日本、等。

〈課題（3）〉日本人の謙虚さと「元気・覇気・やる気」の関係を考えてみよう。

日本人の謙虚さ、自分を低め相手を立てる発想は大きな美徳です。それは日本人的人間関係の基本であり、永い伝統を通して培われた資質です。自分が少し低姿勢で相手を許し、波風を立てないようにしようとするいわば「平和精神」の果たす役割は大きい。

謙虚であることは、一面において、問題点ともなることを同時に考えておかねばなりません。謙虚さの課題とは何でしょうか。自分を低めることが習慣化すると、自己認識が固定化して、「どうせ自分は大した人間ではないので…」と上昇志向につながりにくい。努力する前から自分の有り分を低目に決めてしまったのでは、永遠にそのレベルから超えることはできないでしょう。謙虚さは一方で、「元気・覇気・やる気」につながりにくいので、謙虚さの「下向き思考」とやる気の「上向き思考」をいかに同居させるかが大きな課題となります。美徳としての謙虚さは堅持しながらも、無意識のうちにも謙虚さを口実にして停滞することを避ける努力をして、「元気・覇気・やる気」を奮い立たせる努力が必要です。

学力においても、どうせ自分は力がないからと、早々と結論づけて停滞している人の何と多いことでしょう。教える側も能力が低いのだから仕方がないと「それ相応の」励ましもしないということになりやすい。そのような学生－教師関係に大きな教育成果は期待できない。

〈課題（4）〉
「日本語」の文字の特徴を考えてみよう。

たとえば、日本語の文字の特徴を考えてみよう。日本語は、多様な文字文化を持っています。漢字、平仮名、片仮名を併用する言語は、世界的にも極めて特色的です。最初に中国から漢字が導入されましたが、漢字を単に模倣して日本語ができているわけではありません、漢字だけでは、日本人の感性にもう一つ合わなかった。仮名を発明することによって、日本人的な柔らかさを具現したと言えよう。中国にはない日本風の漢字もあります。「峠」、「畑」、「畠《はたけ》」、などがそうです。

中国からの漢字の模倣に留まることなく、新たな日本らしさを加えた創造性は高く評価されるべきです。日本語の成立後もずっと、日本人は外国的な優れたモノの導入と日本的な良さのハーモニーを常に追い求めてきたのです。

「明治以来の日本の近代化は、外国からの技術の導入とともに、自国の伝統的なノー・ハウを生かして、その両者の統合の上に達成された」（鈴木一郎、１９９０）

このように日本人は、「伝統的な文化要素」と「外来的な文化要素」との併存・調和に長けた素晴らしい国民です。

「自己を語れ」が面白い人生への原則です。自分がいて人とつながり、二人がいて世界が回っていく。「世界は二人のためにあるの」と思えることが原点です。教育が自分のことばでなく、人のことばで語られたとき、学びは起こらない。己をさらけ出したとき学びが始まるのです。教育において、「コミュニケーションにおける積極的な態度」だとか、「自己表現」が叫ばれながら、教師は自らを語らない。そんな教育はない。もっと自分を出そう！

21世紀という大きなエポックに立っている私たち。平素は目先のことに追われ、今日何をするかという近視眼的思考に流されている私たち。でも「今」を変えたい。崇高な過去・現在・未来の時の流れに身をまかせ、だれかを想い、小さくてもいいから希望と夢を胸に、「歩んでいる」と言える歩みをしたい。そんな願いのなかで、今しかできないことを考えて実行してみたい。

3.「一滴の大河」・「大火のひとしずく」・「一粒の豊穣」の心意気

(1)「一滴の大河」の思想

〈課題（5）〉
「一滴の大河」はどのような哲学に基づいているのだろう？

成功や勝利は喜びを与えますが、失敗や敗北は教訓と力を与えてくれます。

「人は敗れたゲームから教訓を学びとるものである。私は勝ったゲームから、まだ何も教えられたことがない」（アメリカの天才ゴルファー、ボビー・ジョーンズ）

そのように思えることは素晴らしいことです。五木寛之作『大河の一滴』という本があります。読んでいくうちに、なるほどとは思いながら、少しずつ反発を覚え、読み終わる頃には、「よし、『一滴の大河』という名の本を書こう」と自分に言い聞かせていた。『大河の一滴』の逆バージョンです。五木寛之の言う『大河の一滴』は、次のような内容が語られています。

＊「人間は哀しいものだと思い、人生は残酷であるのが自然だと考える。それをマイナス思考と恐れることはない。『人はみな大河の一滴』ふたたびそこから始めることしかないと思う」

＊「存在するのは大河であり、私たちはそこをくだっていく一滴の水のようなものだ」

なるほど、一面の真理でしょう。人間はちっぽけな存在にすぎないと認識することを出発点にすべきなのかもしれない。五木寛之は言う。「本当のプラス思考は、絶望の底の底で光を見た人間の全身での驚きである。そしてそこに達するには、マイナス思考の極限まで降りていくことしか出発点はない」と。この心境もよくわかります。しかし、絶望というマイナス思考の極限まで降りてゆくことがそんなに必要なことなのでしょうか。絶望は、自分で進んでするものでしょうか。絶望を経験しない限り明るく生きるプラス思考はでてこないのでしょうか。人は、時として、絶望するものです。そのとき、その絶望をどう考えるかによって行く末が大きく変わるのも事実でしょう。

しかしながら、考え方としては、むしろ逆なのではないでしょうか。水の特性を考えてみてください。水って何という素晴らしいモノなのでしょう。旭川の水面に、

「一滴、二滴……（素敵）」

と水を垂らしてみたとしよう。その水はどうなるでしょうか。すべての水と溶け込んで、既に「一滴」ではなく、地球上のすべての水に融和して連なった全体的存在です。元の一滴はもう一滴ではありません。「一滴という大河」になっているのです。そのように考えてみると、「大河の一滴」ということは実際にはありえません。大河に一滴とか、二滴というような区別はなく、すべての水に融和し連なっているからこそ大河

なのです。「水」君のこの素晴らしい性格に学びたいものです。

世界は一人ひとりからしか成立しない。一人ひとりがつながり、まとまるとき、民族になったり、国になったり、また世界にもなるのです。クリシュナムルティの名言を味わってみたい。

「あなたが世界だ」

何という深さでしょう。あなた一人ひとりが世界なのです。一人ひとりが変わることによって世界が変わるのです。「あなた」という「一滴」が「世界」という「大河」なのです。しかも大河は、一滴の積み重ねではない。一滴、一滴を越えて一つの流れとして連なった全体です。一滴の部分、部分の集まりとしての総和ではない。全体は、部分の総和を越えた有機体です。学ぶことも、自分の世界に生きる意味を発見し、意味を育てる営みであるはずです。そして、世界とのつながりに目覚めることです。一人ひとりが有機的につながって、全体としての有機体になることへの願いです。

諺《ことわざ》に、「舌上に通じて大海の塩味を知る」というのがあります。これは、「海水の一滴を舌で味わえば、大海全体の水が塩辛いことがわかる。ものごとの一部を知れば、全体が推測できることのたとえ」（『国語大辞典』、小学館）です。これも『一滴の大河』の発想です。

一つの事柄や現象に対して、どのような考え方と態度で接するかが大きな分岐点となります。

(2)「大火のひとしずく」の思想

〈課題（6）〉
「大火のひとしずく」の思想を行動化しよう。

南アフリカの先住民に伝わるハチドリの物語があります（辻信一、２００５）。

あるとき森が燃えていました
森の生きものたちは
われ先にと逃げていきました
でもクリキンディという名のハチドリだけは
いったりきたり
口ばしで水のしずくを一滴づつ運んでは
火の上に落としていきます
動物たちがそれを見て
「そんなことをしていったい何になるんだ」
といって笑います
クリキンディはこう答えました
「私は私にできることをしているの」

それだけの簡潔な話です。この話の底流にあるものは、「一滴の大河」と類似しています。どんなに自分は小さな存在でも、「自分にできること」をしていけば、つながってくるという考え方です。この話に基づいて、いろいろな活動も進展しています。その一つに、「ハチドリ計画」があります。

ハチドリになろう！　ハチドリ計画は、生命豊かな地球を未来の世代に手渡すために、一人ひとりの「私にできること」を集めています。

多くは環境問題において自分にできることを追求しているようですが、すべての問題について「私にできること」を求めて行動していくことが必要です。物語の続きを描くのは、私たち一人ひとりです。枝廣淳子（環境ジャーナリスト）は、物語の続きを書いています。

森が燃えているのを見たハチドリは仲間を増やそうと思いました。

「それぞれが1羽ずつ仲間を増やすように伝えて！」――

2回伝わると4羽が、3回伝わると8羽が、

10回伝わると１０２４羽が、20回伝わると１００万羽以上が、

そして、40回伝わると1兆羽以上のハチドリがやってきて、

あっという間に火事を消してしまいましたとさ。

この話の基本を「大火のひとしずく」としてスローガン化したいと思います。大火の際に、一人の消火活動がどれほどの意味を持つかということです。一人だけでは、焼け石に水です。しかし、一人から始めなければ火を消すほどの「大きな水」にはならない。一人の持つバケツが他の人に伝播《でんぱ》していって、「バケツリレー」になるのです。まず私にできること、「一つのバケツ」で行動しよう。

（3）「一粒の豊穣」の思想

「一粒の米は何粒を生み出すでしょうか？」この問いの意味はなにでしょうか。もう少し解りやすい問いにすると次のようになります。

> 〈課題（7）〉
> 一粒のお米の籾《もみ》は、水田で育つと何粒位のお米となるでしょう。

まさに植物の驚くべき生産力を基盤として作物ができていくことを認識することになるのです。6月に皆で手植えで田植えをしました。一粒の籾から1本の苗が育ち、苗は1株に1本だけを植えましたが、4カ月くらいで大きく育ち1株が約20本になっています。その1本1本の稲の穂は約100粒の籾をつけています。つまり、

1（粒）×1（本）×20（本）×100（粒）＝2000粒

です。一粒のお米が約2000倍のお米を育てるのです。何というマジックでしょうか。人間にはそのような生産力はありません。正に植物の生に学ぶ姿勢が基本に大切であることがよく分かるというわけなのです。

〈課題（8）〉「一粒豊穣」の思想を行動化しよう。

お米の生産力には敬服します。土と水と太陽エネルギーを一身に受けて、「一粒のお米が約2000倍のお米を育てる」という課題は実に重いものがあります。この課題をスローガン化すると、「一粒の豊穣」、「一粒豊穣《いちりゅうほうじょう》」の思想ということになります。

今までの四字熟語としては、「一粒万倍《いちりゅうまんばい》」があります。これも同じ考え方です。お百姓さんが米を作ったというよりもむしろ、お米さんが自然の力を受けて自分で育ったのです。いわば、「人間力1割、自然力9割」です。自然の力の偉大さ、人と自然のつながりの大切さを学ばないではおれません。

人間力（1割）
自然力（9割）

お米ができるまでのプロセスを少し細かく考えてみましょう。一粒がちゃんと育てられていけば約2000粒という豊穣を産み出すのです。最初の一粒がまず大切で、一粒のお米がなかったら新たなお米はできません。農作業としては、その一粒を「苗床」を作って苗を育てることから始まります。苗床で苗が約20センチに育った頃《ころ》、「水田」に田植えをします。後は必要な水や栄養分をいつどのように供給して「稲」に育てるかが重要です。稲に育ち「穂」が実り、刈り入れして収穫して「玄米」になります。玄米が最も栄養分を含んでいるので「玄米ご飯」が最高ですが、硬い表皮のため食べにくいので、多くの場合白米に精米して食べるのです。

この米づくりのプロセスは、人づくり・地域づくりに当てはめてみると、実に示唆的です。まずは、一粒、一粒のお米、つまり一人、一人が基盤として最も大切です。一粒、一粒の米をいくつか集めて「苗床」に蒔《ま》きます。「苗床」という地域の中核がなければ「水田」という地域の発展は生み出されません。まちづくり協議会などの「小地域」が苗床となって水田という地域でお米という地域住民が育っていくのです。苗床で育った協議会メンバーという人たちが中心になってその地域が育っていきます。水田という地域づくりのプロセスにおいて大切なのは、「水と肥料」です。最も基本となる「地域の水」を引き入れ、地域を活気づける「肥料」をまいて「地域住民という穂」が育つように努力することが必要です。たわわに実った穂が玄米になり、白米に精米されて、世のため人のために「生きる糧」となるのです。

「一粒の米が2000倍にも育って豊穣」を生み出すのだという「一粒の豊穣」の思想を行動化しようで

はありませんか。私たち一人ひとりが「豊穣」を生み出す原動力です。私たち一人ひとりが「一粒の米」であることをしっかりと自覚し、地域の苗床を作り、水田という地域で地域住民という穂をたわわに育てる努力が地域づくりの基盤であることを認識して地域創生に邁進《まいしん》したいと思います。

Ⅲ．「ローバル社会」を目指して

1.「グローカリズム」からの出発

「グローバル化」が一段と進行していますが、一体、「グローバル化」とは何でしょうか。「グローバル化」は、地球規模での発想と行動ですが、実際には「欧米化」の進行になっている面が強い。「グローバル化」という名の「欧米化」であり、「和魂洋才」という名の「和洋混在」です。古来からの日本的な「和」と新しい西洋的な「洋」とが混在して、軋轢《あつれき》を生んでいる状態にあると言えよう。

欧米中心の近代文明を支えた「人間中心主義」（自然支配）がかなり破綻《はたん》してきており、東洋的な「自然と人間の共生」の哲学・世界観の必要性が強く認識されるようになっています。「グローバル」を強調すればするほど、ローカルな生き方に対する求心力の低下が起こり、これでは「地域文化」の消滅になりかねません。

個人を基盤にしたシステムとしてのアメリカ流グローバリズムではなく、松井孝典氏が言う人間圏に基づく「新地球主義」ともいえるものの必要性―今後ずっと「人間圏の下での生き方」が続けられるかどうかの基本問題です（松井孝典、１９９８／２００３）。

① 「和の精神」を基盤にして

アメリカ社会は、個人主義社会で、個を基盤にした主義・主張が展開され、ややもすると冷酷な社会になりやすい。一方、日本社会は、「和の社会」で、「人間」集団（世間）の和を重んじ、仲間意識による心の安定を図りやすい。どちらもそれぞれ長短があるが、日本においては、「和」を重視しながら他の側面を適宜取り入れていくことが基本です。

② 日本の文化先進性と「加工文化」の優秀性を基盤にして

日本人は模倣ばかりで創造性に欠けるとよく言われます。しかし、過去の歴史を通観しても、支那文化や欧米文化を単に物真似したわけではない。真似をしながらも、日本に土着化させる努力と新たな意義を添加して日本らしさを築いてきたことを忘れてはならない。仏教と仏教芸術、仮名の発明、漢方、などに見られる文化先進性と、うまく加工して日本に合ったものにする「加工文化」に長けていることをきちんと評価すべきです。積極的に西欧文明を取り入れながら見事に植民地となることを免れたのです。

西欧的な人間優先主義ではなく、自然と人間との共生を基盤とし、心と文化の基本を重視した東洋型のパラダイムがより重視されるべきです。個と集団とのつながりや、学校と家庭・社会のつながりが希薄になっている今、「競争・開発・拡大」から「つながり・調和・共生」重視への新たな道を着実に歩む努力が必要です。

③　音楽から自然との一体化を

人間と自然の共生を基本理念とした日本及び東洋の思想は、広く文化全体に繋《つな》がっています。自然の移りゆく無常と、そのためにかえって尊く美しい自然の姿を考えるとき、音楽においても、人間の作り出す音よりも自然の中の音を大切にしようとする発想が生まれます。楽器においても、できるだけ自然に近い音の流れを出すようなものにするよう努められてきました。たとえば、大小の鼓は、移りゆく自然において一瞬一瞬に絶妙のバランスを発揮します。しかも、自然の音と音の静寂である「間」を大切にしようとします。このような自然との一体化を追求する音楽の姿も重視されねばならない。

〈エピソード（2）〉　「大火の改心」

高校生になった少年Kは、ある日、自宅全焼の悲劇に遭遇した。どん底に突き落とされた。絶望の淵《ふち》を数日間さまよった後、

「こんなところで野垂れ死にしてなるものか」

という声が心の底の方から聞こえてきた。自分で這《は》い上がる勇気を与えられて、感謝するばかりです。大学に進みたくて父親に相談したら、「行ったらいいよ」と快諾してくれた。それが嬉《うれ》しくて、家庭教師などをして切り詰め、授業料や生活費を自分で稼ぎ、家へ毎月仕送りをしながらの大学生活が始まった。

しかし、青年にもう暗さはない。友達から「坊ちゃん育ち」に見られることがむしろ嬉しく、過去の影を何とか顔に出さないことができるようになった、と喜んだ。それから数年間が経過した。

「よくぞ家が丸焼けになってくれたものだ」

誤解されるかもしれないが、心からそう思えるようになった。諺《ことわざ》にもあります。「災いを転じて福となす」もう少し積極的に言いたい。「災い」は「福」の源なのです。そうですね、「大火の改心」でしょう。

2.「ローバリズム」が目指しているもの

「グローカル」という言葉は、「グローバル」と「ローカル」を組み合わせた合成語で、すでに一般化していると言えます。一方、「ローバリズム」は、松畑（２００５）が初めて使ったもので、まだ市民権を得ていません。今後できる限り早く一般的に使われるように期待しています。

「ローバリズム」は、「地域から世界へ」の方向性を基盤としていて、地域主体の考え方です。あくまで地域が主役であり、地域からどのように世界へと発信していくかを重視した見方です。

① 「グローカリズム」（glocalism）の発想

「グローカル」（glocal）とは、「グローバル」（global）な発想で「ローカル」（local）に行動することを言い、次のような等式で表すことができます。

グローカル ＝ グローバル ＋ ローカル

「グローカリズム」は、Think globally, act locally.（視野は広く地球大に、行動は足元の地域から）という言葉で表現されるように、地球規模での考え方に基づいてそれぞれの地域で活動することが重視されています。

② 「ローバリズム」（lobalism）の発想

現代のグローバル社会では、「グローカル」な考え方を優先した地域行動、すなわち「グローカリズム」が重要であることに間違いはない。

「ローバル」（lobal）とは、「ローカル」（local）の発想から出発して、ローカル間の「インターローカル」（interlocal）に向かい、更に「グローバル」な視点を同時に持つことを言い、次のような等式で表すことができます。

ローバル ＝ ローカル ＋ インターローカル ＋ グローバル

「ローバリズム」(lobalism)においては、優先されているのは「地域主体」（ローカル）です。地域主体が「地域間交流」（インターローカル）を進め、同時に「地球発想」（グローバル）を大切にした考え方です。

「グローカリズム」と「ローバリズム」との違いは、「地域」と「地球」との発想の順序、優先順位にあります。「グローカリズム」においては、地球規模の発想が優先されていますが、「ローバリズム」においては、あくまで「地域主体」が優先されています。地域が主体的に発想・行動する「地域の主体性」を重視したいという強い思いを表現しています。まずは、各地域が主体的に活動し、その過程で近隣の他地域との交流・融合化が目指されます。その地域間連携・融合活動は、地球全体のことを十分に意識し、世界に発信していくことが大切です。

私たちは、日常的に生きているのは地域の中です。地域に日常的に生きている私たちは、地域の中で人間関係を築き、文化を育み、仕事も遊びもしています。地域の中でいかに主体的に生き、心豊かな人生をおくることができるかが第一義的に重要なことです。生活の基点であり、社会的・産業的営みの基盤である地域をどのように創っていくかを重視しなければなりません。

3．「ローバル・リテラシー」を求めて

（1）「ローカル」を土台に「グローバル」に向かう

文化に上下や優劣はない。経済などには、先進国と発展途上国のような差異はあっても、文化にはない。「みんな違ってみんないい」のです。人間文化としての共通性を基盤にしながらも、それぞれの文化には個別性があって、面白い。欧米の文化だけに目を向けたり、その他の文化に低評価をするようなことは慎まねばなりません。それぞれの文化は、それぞれの国や地域で生きています。基本的には、比較を超えた存在です。どんな文化からも学ぶ姿勢が大切です。

〈課題（9）〉
「国際化」と「グローバル化」は、どのような関係にあるのだろう？

「国際化」という言葉は、一般化していますが、「グローバル化」という言葉が好まれる傾向があります。「国際」が、国と国の関係を基盤にしているのに対して、「グローバル化」は地球全体のとらえ方を重視しているからです。

「国際化」という日本語と'internationalization'という英語を比べてみると、面白い違いが見受けられます。阿部美哉（1992：42－45）では、「する」の国際化と「なる」の国際化としてまとめられています。

① 'internationalization'－この英語は他動詞で、ある国や領土などを「複数の国の共同統治や共同管理」下におくことが本来の意味です。「自分はあくまで国際化する主体であり」、「国際化される対象は他者」

であるという認識を持っています―「する」の国際化。

② 「国際化」―国際化の対象として自分自身も含めており、自らを国際社会に「適合」する存在に変化させるという意味で使われます。英語とは反対に、「国際化するのは自分自身であり他者ではない」と考えられています―「なる」の国際化。

この両者の違いは、欧米中心に世界秩序が作られてきたため、作ってきた方は「する」ですが、それに応答する側は「なる」という受け身的立場をとることになるわけです。このことは、日本人の文明への受け身的姿勢の積み重ねとしての歴史が物語っています。これまで中国文明を始め諸々の文明を受け入れ、消化してきました。自分自身で新しいパラダイム（枠組み）を生み出したことがほとんどない。日本の「なるの国際化」という応答の仕方は、日本人としてのアイデンティティの揺れとして表れ、今後のグローバル化への方向をどのように見出してゆくべきかという現代的課題に連なっているのです。

今までの国際化が欧米化になり過ぎてきた点を反省し、真のグローバルな国際化が目指されねばならない。しかも、国と国同士の局面での国際交流だけでなく、広く一般市民に開かれた国際化でなければならない。国際化の問題の中身についても、政治・経済面中心でなく、広く、平和追求、人権尊重、環境保護などの諸問題にわたった相互発展的な方向性が重視されねばならない。

このような観点からの「グローバル思考」は、地球規模での問題把握と解決への努力に向かうものです。グローバル思考に根ざした異文化理解は、知的活動に止まらない。異文化の理解という知的活動を基盤にしながら、実際に異文化の人々と交流し、何らかの行動をする方向が目指されます。異文化の理解・交流・表現行動が一体化したものであることが望まれています。外国語を学ぶにしても、異文化の理解という受け身的活動に終わらないよう注意しなければならない。外国語を学ぶことを通して、自民族中心主義から脱皮し、思考・文化・行動の違いへの許容、外国の人への思いやり、人権・世界平和への理解と行動、などが同時に身についてゆくものでなければならない。

〈課題（10）〉
「より良き日本人、結果的地球人」という目標を考えてみよう。

「より良き日本人、結果的地球人」が目標となります。日本人は、あくまで日本人です。歴史的に見ると、鎖国という外交的空白期間を体験し、明治以来、欧米文明導入を熱心に進めてきました。多角的な思考によって、いろいろな面からものを考えることは大切です。しかし、日本人であるということを忘れてはならない。日本文化と西洋文化との二重生活によって、「日本人」であるということと、「国際人」であるということが、遊離した形で共存しています。しかも、きわめて模倣的受け身の国民性を学習してきた。欧米に学び、追いつけ追い越せの精神は貴重です。鎖国の空白期間を補おうとする意識は、よくわかります。しかし、日本人であるという核を失っての模倣精神では、日本人と国際人との融合は不可能でしょう。まずは、日本人であるということを基盤にして、その上での国際化が指向されるべきです。国があって(national)、初めて国際的(international)な心も可能となります。日本人という核からの広がりが国際人です。日本的国際人は、広く世界からの情報をキャッチして、日本的風土において咀嚼《そしゃく》する人です。世界からの受け身的情報ばかりでなく、日本からの発信的情報も大切にする人です。

私たちは、客観的に物を見ているように思っていますが、実は一面的にしか見えていないことが多い。完全な円球であっても、遠く離れて見ると、ただの点にしか見えないでしょう。ましてや普通の物体は、複雑な形をしているので、見る視点によって見え方は異なります。見え方は、視点に制約されているのです。さらには、空間的・物理的視点に加えて、質的・心理的視点が影響します。物事に純粋に接する子どもの魂もあれば、功利的にしか見ようとしない人の視点もあります。

このように私たちの持つ視点は、いろいろな要素に左右されて、素直な客観的な見方はなかなかできない。日本人には日本人的視点が中心になっています。それは、日本がおかれている物理的・自然環境的・言語文化的条件によって影響された視点です。それが他の国民の持つ視点とどれだけ共通なのか、どこがどのように違うのかを知ることは、至難の業です。

視点の国際的共通点・相違点を認識するためには、自分の視点を客観的に見る視点が必須です。日本人的な自分の視点と、異文化的視点とをぶつけあって、初めて得られるのが「国際的視点」です。異文化理解とは、自分の視点と異文化視点との競合・調和による共通点と相違点とを認識することです。

(2)「ローバル・リテラシー」の内容

「ローバル・リテラシー(Lobal Literacy)」は、いわば「地域主体からの世界発信力」で、その内容は、次のように大綱を示すことができます。

(1) 地域主体能力
  1) 地域認識力
  2) 地域発信力
(2) 人間関係能力
  1) 人間・自然・世界関係能力

2）ことば・文化関係能力

（3）Communication Mind

1）対人コミュニケーション・スキーマ

①自己概念把握力

②対人・異文化関係力

2）情緒的相互理解表現能力

（4）Communication Strategies

（5）Communication Skills

〈課題（11）〉

「ローバル・シティズン・リテラシー」の具体的内容を考えてみよう。

「ローバル・シティズン・リテラシー」（Lobal Citizen Literacy:LCL）は、次の等式で示す内容です。

LCL＝「ローバル・リテラシー」＋「シティズン・リテラシー」

「ローバル・リテラシー」（lobal literacy）は、地域認識に基づいて地域から世界に発信する力です。今まで、グローバル・リテラシー（global literacy）という言葉が使われてきました。これは、新しい世界を読み解く力であり、21世紀の新しい言語なのです。ボーダーレス化し、多文化共生化しているグローバル時代における3つの資産は「人間・関係・文化」です（ロバート・ローゼン、２００１、29）。人間の知識・

技術・経験・能力という人的資源を基盤に、望ましい対人関係を創り、異文化相互理解力をつけてゆくことが望まれています。異なった文化を読み取る力、すなわち「異文化読解力」が必要です。

一方、シティズン・リテラシーは、「市民」として身に付けるべき総体です。「市民」とは、「自分が社会における存在であることを自覚しているか、自覚していずとも社会的存在として行動している個人のこと」です（鈴木崇弘、他、２００５、11－２）。

これからの市民には、「自分－地域－世界」のつながりがすべての基盤として必要です。地域の中の自分を世界的視野にも立ちながら自己認識し、地域社会から世界への発信に努力していかねばなりません。自分および家族、自分の住む地域社会や地域住民に対して愛着と信頼関係を築くことを通して、世界につながっていくものです。家族と地域が自分を育て、地域住民はその地域に関わることによって成長し、そのような地域が主体となっていくのです。

地域主体からの発信力である「ローバル・リテラシー」は、自分認識に基づいた自分・社会・世界の関係認識力を基盤とするものです。自分役割理解力をつけ、世界とつながっていくために必要な情報・マインド・スキルを身につけることが肝要です。

自己認識を深めるためには、外国から日本や自分を見つめる視点も大切です。たとえば、社会的な分野における「国力」は、カナダが1位、ドイツ2位、アメリカ3位、イギリス４位で、日本は7位だそうです（『日本経済新聞』２００５年12月１日）。社会的分野での国力が、社会全体の活力を維持し、希望をもちやすい社会を創り出すのです。

「希望は努力により目的が実現するという見通しがあるときに生まれる」

（社会心理学者ランドルフ・ネッセ）

世界都市の住みやすさは、1位はカナダのバンクーバー、東京は16位です（『日本経済新聞』２００５年10月4日）。【ロンドン5日共同】英エコノミスト誌系の調査機関ＥＩＵが世界の１２７都市を対象にこのほど実施した「住みやすさ」調査で、カナダのバンクーバーが1位になった。東京はパリ、モントリオール（カナダ）、ハンブルク（ドイツ）と並んで16位、大阪・神戸はベルリンなど5都市とともに20位だった。

調査は環境や文化、教育、医療などの面から生活条件件を分析。モノやサービス、社会基盤が充実し、危険な目に遭う恐れが少ないと評価されたカナダやオーストラリア、スイス、オーストリアの都市が上位を占めた。調査担当者は、現在の世界情勢を考えると、テロの危険が少ない都市が好ましいと説明しています。

（3）「吉備文化」から世界への発信

「吉備の国」は、高梁川・笹ヶ瀬川・旭川の流域を中心にその開発を基礎にして、成長してきた勢力であった。今の岡山県のみならず、香川県・広島県の一部を含む一大王国で、小豆島や、児島と小豆島の間に点在している豊島・直島など直島諸島の島々もまた吉備の国の児島郡だったのです。「吉備」は、黍《きび》が耕作されたところを語源としており、農耕に適していて稲作が早くから開け、また、先進的な産業と香り高い文化が栄えた国であった。

「『吉備』という語感がたまらなく好きである。上古岡山県は吉備国といった。のち備前、備中、備後（備後のみは明治後広島県に編入）それに美作をくわえて四カ国にわかれたが、吉備と言われていた昔は、出雲が大和朝廷に対する隠然たる一敵国であったように、吉備国もまた一個の王朝のすがたをとっていたにちがいなかった。鉄器が豊富であった。中国山脈で砂鉄を産したがために、武器、農具が多くつくられ、兵はつよく、土地ははやくからひらかれ、出雲とならんでいわゆる出雲民族の二大根拠地であり、その富強をもって大和に対抗していた。この点、岡山県は他県とはちがい、しにせが古すぎるほど古い」

（司馬遼太郎著　『歴史を紀行する』　桃太郎の末裔たちの国より）

岡山は、瀬戸内を基盤にした「古代吉備王国」の中核です。衣食住や耕作に適した地域に一大文化圏が誕生し発展してきました。出雲、大和や筑紫とならんで独自の文化圏を形成していったのは、自然環境に恵まれた陸地を基盤にしながらも、旭川や高梁川の河川と瀬戸内海の川と海を結んで産業も交流発展したことが前提になっていることを重視しなければなりません。

瀬戸内海を中心としながらも、日本海から朝鮮半島まで赴き、新しい文化の伝来と交流を通して吉備国が発展していったことは、現代的意義も非常に大きい。吉備を中心に世界へと発展していく姿を描くことの重要性を示唆しているからです。

吉備国に住んでいた先人たちが他の地域、特に外国とどのようにつながってきたかを考えてみよう（参考：井関繁孝、２０００）。

・「栄西」－平安末期から鎌倉初期の激動の世相の中、臨済宗の開祖として、日本仏教の革新を求めた代表的な僧侶です。2度にわたる渡宋は、中国文化に対して深い理解を示し、南宋の禅及び宋風の喫茶法をもちかえっています。更に、宋様の建築技術を輸入し、それを日本建築に取り入れるなど、日中文化交流の重要な役割を果たしています。

・「木堂」と「孫文」－昭和7年（１９３２）上海事変が起きると、若いころから孫文を応援するなどして東洋の国々と共に栄えることを目指していた木堂は、戦争が広がらないように努力しました。孫文と木堂との出会いは、孫文が初めて来日した明治30年（１８９７）8月です。清貧の政治家木堂の目は、日本はもちろん広く東洋へも注がれ、日中親善の促進をはかる東亜同文会や孫文の中国革命同盟会の援助だけでなく、朝鮮の金玉均やフィリピン独立党、さらにインドの亡命者にも協力をおしまなかった。こうした和魂漢才の精神は、幼いときからの漢学の素養からくる木堂の東洋思想に関係があるのかもしれない。そのため、大アジア主義を唱える帝国主義者と非難されることもあった。西洋には一度もいかなかったが、中国には4回も訪れています。(39)

・ミシガン大学日本研究センター岡山研究所

岡山は歴史的深みを持ち、教育が普及していて経済の発展状況をみても日本の平均的な地位にあり、農業生産額も高い。こうした条件がホール博士の描く条件と合致し、さらに、岡山県当局も積極的に協力する意志を示した。こうして岡山市南方日本銀行社宅を整備して、日本研究センター岡山研究所をオープンした。現代の日本にかかわる多くの問題に対する真の理解は、確実で基礎的な文化的な諸要素・諸制度の総合的な分析をもってはじめられねばならないというのが、日本研究センターの基本理念であった。(77-8)

吉備地域の世界交流基地としての重要な役割を果たしてきた瀬戸内海地域は、「古来、畿内と北九州ひいては大陸とを結ぶ大動脈として位置づけられてきた。瀬戸内自体が持つ豊かな農業生産と豊富な海産資源こそ注目しなければならないだろう」(森浩一、他、1997、22)

Ⅲ．「連（つながり）」をキーワードに

1.「コミュニケーション力」は「連（つな）がる力」

（1）コミュニケーションの本質

〈課題（12）〉
「コミュニケーション」とは「伝達」なのだろうか。

「コミュニケーション」は、日本語で普通「伝達」と訳されています。この言葉は、一方的に伝える感じが強い。しかし、「コミュニケーション」は、話し手と聞き手との相互作用による「響き合いによる高まり」であると言えます。「コミュニケーション」ということばは、ラテン語の‘communis’に由来し、‘common’などのことばと同様、共通性を成立させる、情報、思想、態度を共有するという原義を持っています。

「コミュニケーション能力」は、「つながる力」としての「人間コア能力」です。「つながる力」は、「触れ合い、伝え合い、関わり合い、分かち合い、高まり合う力」です。また「関係性を高める力」であると言うこともできます。自己は他者との関係性において明らかとなり、日本は世界との、人間圏は生物圏との関係性において明確となります。コミュニケーションを深めるに際しては、親和的人間関係を打ち立てる努力が必要です。「コミュニケーション能力」は、人間関係から生まれる自己肯定のself-esteemを基盤に自分・人・自然とつながる力です。

日常場面及び非日常場面において人とつながることを通して自己のあり方を振り返り、新しい自己を創り直す作業をしなければなりません。自己発見・自己創造は、他者との交流、他者からの援助によってはじめて可能となるものです。孤立と閉じこもりではなく、開かれた人間関係への努力が必要です。

（2）以心伝心重視の「馴《な》れ合いコミュニケーション」

〈課題（13）〉
状況・場面を重視する日本人のコミュニケーション・スタイルを考えてみよう。

ことばは、その社会・文化の中で生きている存在です。人間言語としての共通性を基盤としながらも、その社会・文化を前提にした具体的場面と話題が共有されてコミュニケーションは成立します。その社会・文化的前提に問題があると、いろいろな歪みや誤解が生ずることとなります。

場面との依存度とことばのつながりの面から考えてみよう。文化人類学では、E・ホールの指摘に基づいて、ことばと場面とのつながりの程度を次の2種類に分けています（ホール、１９７９）。

①　「ハイ・コンテキスト」（場面高依存）

情報の社会的共有性が高く、場面を前提にした発話が多い場合です。一般に、日本語は、この傾向が強いと言えます。

②　「ロー・コンテキスト」（場面低依存）

場面依存度が低い場合で、一般に英語はこの傾向が強いと言えます。

ここで言う「コンテキスト」とは、「コミュニケーションが起こる物理的、社会的、心理的、時間的な環境（その場の状況、言語外の意味、相手との関係、など）のすべて」で、非常に広い概念です。

同質性の高い日本では、その場の雰囲気や状況によって相手の言わんとしている意味を察する傾向が強いのです。「沈黙は金」の考え方が強く、「黙って考える人」の評価が高いので、特に人前では自分の意見を述べることを控えようとする傾向が強い。

一方、アメリカのように異質性が高い文化では、ことばの意味内容が重視され、ことばへの依存度が高く、コンテキストへの依存度は低い傾向が強いのです。「雄弁は金」の考え方が強く、自分の考えをはっきりと言葉に出して表現することがよいとされる傾向が強い。

「同質社会・homogeneous society, high context society」であった日本では、人は基本的にみんな同じような考え方や価値観を持っている、もしくは持つべきとされてきたのです。そのため、ことさら相手との違いについて意識的でなくとも、お互いの言っていることが通じた。「言わずとも伝わる」という日本独特の文化も、このような背景によるものです。人それぞれの価値観や概念的枠組みがそれほど多様化していなかった時代には、このコミュニケーションもうまくいった。

しかし、グローバル社会では、馴れ合いのコミュニケーションは通用しない。「あなたも私も同じような価値観・枠組みを持っている」という前提が崩れてきているのです。

〈課題（14）〉日本人は一般になぜ「自己表現・主張が弱い」と言われるのだろうか。

日本語は、主語は言わないことも多いのですが、英語は主語を明示します。このことは、英語の文化・発想と表現の結びつきの一つと考えることができます。英語の方が主語を明示し、自己主張をきちんとしようとする傾向がより強い。反対に、日本語は主語を明示しないで、自己主張を避ける傾向がより強い。いわば、「言わぬが花」なのです。内なる自分を相手に伝えるのではなく、己の心に留め相手に伝えない。深い心を押し留めることによって、伝える以上の効果を獲得する、というわけです。しかし、異文化場面などでは、そこに落とし穴もあるのです。

日本人は、他人や集団を重視して、自分を抑え、自己主張を避けようとする傾向が強い。一方、アメリカ人は、一般に、自己の意思や感情に基づいて対人行動がなされ、他者依存から独立してゆくことが自己の成長と考える傾向が強い。このことはことばによるコミュニケーションのいろいろな面に影響し、日本人の自己表現力の一般的弱さにつながっていると言っても過言ではないでしょう。「私は結婚します」というよりも「結婚することになりました」というように、自己を前面に出しての表現（「する」言語）よりも、自分を出さないで状況重視の「なる」言語的表現を好んで使うことなどに、その典型を見ることができます。

英語の自己中心的考え方と言語表現法を学んで、英語による自己表現力を高めていく努力をすれば、そのことが日本語でのコミュニケーションにおいても自分の考えや気持ちをできる限り素直に表現できることにつながっていくであろう。

日本人は、しばしば、率直にものを言わぬという理由で、外国人から批判されます。これは、日本人の「気配り」や「思いやり」と関係しています。それは、日本のような、連続的な人間関係を尊ぶ社会では、対立することが、きわめて重大な問題になりうるからです。このため、自己主張や否定的意見は、ぼかすことで、最小限にとどめられます。しかし、独立性と個人主義の発達した社会では、ほのめかすことが、卑しい行為と考えられるのです。このため、アメリカ人などは、日本人の心くばりを、むしろ、侮辱的行為として感じることが多い（鍋倉健悦、１９９８）。

2. 人・自然・歴史との「連」

「コミュニケーション力」とは、次の3種類の「つながる力」です。

①「人とつながる力」

②「自然とつながる力」

③「歴史とつながる力」

現代社会においては、この「つながる力」としての「「コミュニケーション力」が希薄になってきています。自分勝手で、人とつながりにくい。人間の自然制覇を強調した人間優先思考で、自然とつながれない。現在を楽しく生きるだけの享楽主義で、歴史とつながれない。

(1)「人とつながる力」

コミュニケーションを能力(スキル)の問題としてだけではなく、心(マインド)の問題として捉えることが大切です。他の学びにも言えることですが、精神・態度面(マインド面)と技術面(スキル面)とがあり、ある意味では、マインド面が優先して考えられねばなりません。今、社会的にも教育場面においても大きな課題となっているのは、「つなぐ力」としてのコミュニケーション能力ですが、基本的には、つなぐ心の強さをどのように創るかです。傷つけたり傷つけられたりすることを恐れ、表面的な「やさしさ」の関係を保とうとして、他者ときちんと向き合うことができない、というような心の問題が大きい。

母親のお腹で、へその緒でつながっていた赤ん坊が新生児として生まれる瞬間にへその緒という母親とのつながりを断ち切って「一人」となります。その瞬間から自分からつながっていく旅が始まっていきます。

それがどのような旅になるかは、両親や家族の関係が大きい。自分は一人ではないことを、いろいろな生活場面を通して実体験していくことがコミュニケーション・マインドの基盤として、極めて重要なことです。

〈課題（15）〉
人とつながる力としてのコミュニケーション力を育てる手立てを考えてみよう。

①「脳力」を磨こう
＊平素使っていない約95％の脳を使おう！「シナプス」（神経細胞のネットワーク）を活用しよう！
＊「年齢と共に脳は向上する」－学ぼうとする熱意や集中力の欠如が脳を低下させるのです。

②「コミュニケーション・マインド」の重視
技能としての「コミュニケーション・スキル」だけでなく、スキルを支え、活性化する「マインド」の面も同時に重視しよう。

③「ティーチング」から「コーチング」へ
＊「トレイン（列車）」と「コーチ（馬車）」
「ティーチング」は「トレーニング」と同じく、「「トレイン（列車）」で、定められた軌道をいかにスムースに進むかの問題です。一方、「コーチング」は「コーチ（馬車）」で、軌道はなく、目標に向かっていろいろな状況に応じて創意工夫しながら進むものです。
＊「コーチング」－対等なパートナーシップを通じて相手の能力を最大限引き出すコミュニケーション・スキルです。美しい生き方、輝きのある「ライフスキル」を育てることです。「ライフスキル」は、「感

性・知性・体性」の三位一体、「心・技・体」の総和です。

④「聴く心」を持つ

「聴」という文字の構成が示していますように、「耳に加えて（＋）、目を皿のようにし、心が伴うこと」です。「聴く」心と力を持つ努力が大切です。

⑤ユーモア精神（別の視点から見られる余裕）が基本

＊「健康」の基本も「ユーモア精神」－「生涯楽習健康法」を求めて。

＊「一滴の大河」の「オンリーワンのナンバーワン人生」を目指して。

＊コミュニケーションの基本も「ユーモア精神」－相手の視点と自分の視点の交流。

⑥「話芸」を磨こう！

＊「話芸」―コミュニケーションの人間学に基づく芸術的・人間的能力です。単なる「話術」にならないようにすることが大切です。

＊ことばの輝きを支える命・心の輝きを求め、プラス発想のユーモア精神を持って。

＊「面白さ」への飽くなき追求によって、「今を生きる」「生かされている」自分に目覚めよう。

＊「真似る」から始まる「学び」の創造―人の良さから学び真似よう。

（2）「自然とつながる力」

〈課題（16）〉
「自然観」の日本的特徴とは何でしょうか。

自然の捉え方には、いろいろな差異が見られます。まず、「自然」ということばを歴史的に考えてみよう。「自然」は、今では「人間と区別した山川草木」という意味で使われています。しかし、歴史を辿《たど》ってみると、面白い変遷に出会うことができます。元々「自然」ということばは、奈良時代以来ずっと「おのずから」という意味で使われていたようです。現在使われている意味は、約150年程前に、近代ヨーロッパから人間主義、自我意識などが入ってきて、人間に対立する概念である'nature'の訳語として「自然」が選択されたのです。『広辞苑』（新村出、岩波書店、1983）によると、次のように定義されています。

＊「自然」：①おのずからそうなっているさま。天然のままで人為の加わらぬさま。
②㋑(nature)人工・人為になったものとしての文化に対し、人力によって変更・形成・規整されることなく、おのずからなる生成・展開によって成りいでた状態。
㋺おのずからなる生成・展開を惹起《じゃっき》させる本具の力としての、ものの性。本性。本質。
㋩人間を含めて天地間の万物。宇宙。
㋥精神に対し、外的経験の対象の総体。すなわち、物体界とその諸現象。
㋭歴史に対し、普遍性・反復性・法則性・必然性の立場から見た世界。
㋬自由・当為に対し因果的必然の世界。
③人の力では予測できないこと。

伝統的には、㋩の「人間を含めて天地間の万物。宇宙。」という考え方であったものが、近代西欧文明導入に伴って、だんだんと人間中心的考え方が支配的となり、人間と自然は対峙《たいじ》するものとなってきたのです。その結果は、地球環境破壊、温暖化現象などに象徴されるように、自然を人為的に支配しようとしてきた人間への自然からの「復讐《ふくしゅう》」とも言える諸問題を抱えることになってしまった。今や、本来の「自然と人間の共生」が志向されねばなりません。

「自然」ということばは、その時代の「自然観」に根ざしていることが分かります。その流れを概観すると、次のようにまとめることができます。

① 元々「自然」ということばは、ずっと「おのずから」という意味で使われてきた。

② 古来からずっと、人間と天地間のすべてのものが一体のものと考えられてきたので、人間と自然は共生・一体のものであった。

③ 約150年程前に、'nature'の訳語として「自然」が選択されたことから、人間と対立するものと考えられるようになった。

ヨーロッパ人は、昔から家畜を飼い遊牧生活をしてきたので、地面に多少の傾斜があっても住めればいいというような感覚を持っています。一方、日本では水田耕作などの農耕生活をしてきたので、田園を真っ平にして水を張らなくてはならない。ですから、土地が平らかでないと気持ちが落ち着かない、斜面に家を建てることには、心理的抵抗があるわけです。こんなところにも、日本とヨーロッパの自然観の違いが感じられますが、その相違の最も顕著な例が、自然に対する手の入れ方です（木村尚三郎、1982）。

たとえばベルサイユ宮殿の庭園。幾何学的に、左右対称に作られている実に美しい庭園です。しかし、じっと見ていると、何か息苦しい感じがしてきます。右に丸く刈りこまれた植え込みがあれば、左にも丸い植え込みがあり、右に四角い花壇があれば左にもという具合に、みごとに均斉がとれています。これこそ、大自然に人間が手を入れて、住みよい環境を作りましたという姿勢をいつも明示してきた、ヨーロッパ人の感覚なのです。一方、日本人は、こまやまな神経を働かせて自然に手を入れ、庭作りでも、一つの石灯籠《とうろう》を左に置いたりして、それぞれに違った趣を見出してきました。あらゆる面で不自然に自然を作るのではなく、自然を生かして自然を作るという思想が横たわっているわけです。

自然を自然のままに生かし、自然に奉仕して手を入れてきた日本と、自然を変えて、人間に奉仕する新しい第二の自然を作ってきたヨーロッパとでは、自然に対する取りくみ方がまるで逆という点に興味をそそられます。しかし、段々と西欧的自然観が優位を占めて、人間と自然のつながりは希薄となり、生きづらい自然環境になりつつあります。今こそ、日本本来の自然観を取り戻し、共生社会を創っていくことが大切です。

〈課題（17）〉「茹《ゆ》でカエル」が示唆しているものを熟慮しよう。

「茹でカエル」の話は、米国のある週刊誌に掲載されたものです（脇本忠明、２００２）。生きたカエルを熱湯の中に入れると、熱さのために瞬時に飛び出すそうです。しかし、冷たい水の入った鍋にカエルを入れて、小さな火でゆっくり温めてゆくと、そのまま茹であがってしまうのです。つまり、温かくなり始めた時点で飛び出せば助かるのに、「まだ大丈夫、まだ大丈夫」と先延ばしにしているうち、気がついたら低温火傷で動けなくなり、逃げ出せなくなって、ついに茹であがるというわけです。これは実に現代を象徴的に示した譬《たと》えであると言えるでしょう。本当に危険なのは、危険だという意識が無くなっているときです。危機意識をきちんと持っているときには、その危機を一人または皆で乗り越えようとしますので、危機を乗り越えることができます。

今、地球規模で環境問題が深刻な状況にあり、人類存亡の危機にもあると言えるときに、ちゃんとした危機意識はどの程度あるでしょうか。環境科学も解明が進んでいるようですが、どこがどのように危機であるのかを示す責務を共に負うことが必要です。

〈人間環境宣言〉

１９７２年に、「国連人間環境会議」が開催され、20世紀に初めて環境問題に関する人間環境宣言が発表されました。

「われわれは歴史の転換点に到達した。いまやわれわれは世界中で、環境への影響に一層の思慮深い注意を払いながら、行動しなければならない。無知、無関心であるならば、われわれは、われわれの生命と福祉が依存する地球上の環境に対し、重大かつ取り返しのつかない害を与えることになる。逆に充分な知識と賢明な行動をもってするならば、われわれは、われわれ自身と子孫のため、人類の必要と希望にそった環境で、より良い生活を達成することができる。環境の質の向上と良い生活の創造のための展望は広く開けている。いま必要なものは、熱烈ではあるが冷静な精神と、強烈ではあるが秩序だった作業である。自然の世界で自由を確保するためには、自然と協調して、より良い環境をつくるため知識を活用しなければならない。現在および将来の世代のために人間環境を擁護し向上させることは、人類にとって至上の目標、すなわち平和と、世界的な経済社会発展の基本的かつ確立した目標と相並び、かつ調和を保って追求されるべき目標となった。」（第六条）

この条文が訴えているのも、環境破壊を起こしているのも、問題の解決に向かうのも私たち一人ひとりだということです。環境が外的な現象の問題として考える限り、ほとんど解決への道を歩むことはできないでしょう。私たち一人ひとりの内部の心・意識の問題として謙虚に反省し、大胆に行動を起こしていく努力を積み上げていくしかありません。このすばらしい「人間環境宣言」もほとんど空文に終わっていることを率直に反省しなければなりません。

（3）「歴史とつながる力」

日本の歴史を紐《ひも》解いていくと、独創性の強い固有文化の建設をした日本人の優秀性に感動する。例えば、『源氏物語』は、平安時代中期に成立した長編物語、小説で、日本文学史上最高の傑作とされ、しばしば「世界最古の長篇小説」という評価もされています。少なくとも、『黄金の驢馬《ろば》』や『サチュリコン』につづく「古代世界最後の（そして最高の）長篇小説」であると言えるでしょう。これほどの偉大な作品をあれほどの昔に著作しえた日本人の底力を感じずにはいられない。日本歴史・文化の独自性に基づく「歴史観・歴史感覚」を培うことでありたい。

〈課題（18）〉
「鎖国」の意義を考えてみよう。

「鎖国」について、一般にどのようなイメージが持たれているでしょうか。国を閉ざし、世界の潮流から遅れをとってしまった、というようなマイナス・イメージが強いのではないでしょうか。

最初に、「鎖国」とは何でしょうか。それは、江戸幕府が日本人の海外交通を一部を除いて禁止し、民間貿易の厳禁など外交・貿易を制限した政策のことで、そこから生まれた外交関係における孤立状態を指します。

「鎖国」に対する評価としては、肯定的評価と否定的評価とがあります。この2種類の評価の典型的な内容をまとめると、次のようになります。

① 肯定的評価―外国との交流を絶って日本独自の文化形成ができた。

② 否定的評価―外国の進んだ科学・技術・文化から取り残された。

一般的には後者の否定的な評価が多いのではないだろうか。海外との交流を絶ってしまったので、ヨーロッパを中心として発達した科学技術などの世界の潮流から取り残されてしまった、とするものです。確かにそのような面があったことは確かですが、ここではもっと肯定的な見方を重視したいと思います。鎖国をしなかった場合、東南アジアの多くの国のように西欧の植民地になったのではないかという見方ができます。鎖国期間中も、一部オランダ語を通じて外国情勢や学問研究をしてきました。また、平和が長く続き、国内が一体化すると共に産業や金融も発達し、これも近代化の基盤となった。更に今日、世界的にもてはやされる日本文化のかなり多くの部分（俳句、園芸、陶磁器、漆芸、服飾など）が、この時期に生まれ、あるいは発展、確立したのです。

「一つの巨大民族が、約二百六十年もの間全く戦争をせず、平和を楽しみ、その間に文化と富を蓄積していった歴史は、世界にも例をみない」（市村佑一・大石慎三郎）

じっくりと日本的な文化を熟成させ、独自の歴史を展開したことを見逃してはならない。たとえば、米国のスーザン・ハンレーは、次のように評価しています。

「江戸末・明治初期において日本が西欧に遅れていたのは近代工業面のみ。近代工業を除いたら、日本はあらゆる面で西欧を上回るか、同水準の高度の文明が存在した。それは資源を過剰に消費せず、乏しい資源を最大限に活用しながら、生活を楽しみ、高い文化水準を維持した平和なものだった」

3. 異文化コミュニケーション能力を育てる

（1）英語的発想・文化学習

音韻・語彙《ごい》・文法などの要素の集合としての英語力育成像も必要ですが、コミュニケーション能力という統合技能をホリスティック（全体連関的）に掴《つか》む努力がより重視されるべきです。たとえば、コミュニケーション・スタイルの面から見ると、英語では、「言語表現度」（言葉で表現して意思を伝えようとする程度）が一般に高く、言葉で確認し合う説得文化重視であると言えます。

英語学習が狭義の言語面の学習に限定されることなく、社会・文化的側面との統合化による総合的な英語力育成が目指されねばならない。英語の表現と発想・文化とのつながりの特質に基づく英語表現力の解明とその育成法を明らかにすることが求められます。

ことばは、言語的な面や社会・文化的な面など、いろいろな側面を持っています。その中で、英語ということばと文化・人間のつながりを学ぼうとするのが英語的発想・文化学習です。英語と文化のつながりについても、いろいろな視点から考えるべきですが、ここでは、英語の中にある文化である「英語内在文化」を中心に、日本語の場合と比較しながら進めたいと思います。

たとえば、日本人の「以心伝心」に象徴されるような、自己表現をできるだけ避けようとする無意識的態度が、異文化コミュニケーション場面では、障害になる場合も多い。「言わなくても分かり合える仲」から、「言い合って分かり合う仲」へと転換してゆくことが期待されます。温かい思いやりの心も、同じ文化圏では、言わない方がむしろ分かり合えるということはよくあることです。しかし、言わなければ心が通じ合えないのが普通の異文化場面です。

お互いの考え方などの違いを強調する傾向の強いのが英語表現です。それは、明確に"No"を主張する英語などに現れます。

〈課題(19)〉
相手の意見に賛成でない時、何と言うか。日英両語で考えてみよう。

相手と意見が異なるような場合、日本語では、英語と違って、はっきりと否定するようなことは普通しない。たとえば、「そうですかね…」などと、ぼかし表現を使って、暗に賛成でないことを表そうとする場合が多い。一方、英語では、"I don't agree with you." などと、自分の気持ちや意見をできるだけ直接的に表現しようとする傾向が強い。

このような表現の底には、どうすれば相手を傷つけないかの感覚のずれを読み取ることができます。英語の場合は、反対なら反対と正直に言うことが相手への思いやりであり、日本語の場合とはかなり感覚的に異なる傾向があると言えるでしょう。筆者など、相手の意見にたとえ反対でも、「そうですね」「そうかもしれませんね」と表面的に流してしまう傾向が強い。否定的なことを言うのにはかなり勇気が要る。素直に「ノー」と言い合っている英語のやりとりに違和感を感じてしまう。ところが違和感は相手も同じで、日本人の「ノー」なのに「イエス」と言う屈折した姿に違和感を覚えるでしょう。

英語文化は、いわば「白黒文化」で、白か黒かをできるだけはっきりさせようとする傾向が一般に強い。一方、日本語は、白か黒かの違いをはっきりさせない一般的傾向のある「灰色文化」です。先の例のように、「そうですかね…」などと、否定的なニュアンスだけを示して「灰色」で終わらそうとすることが多い。ただし、英語がYes/Noをはっきりする傾向をより強く持っているとは言え、ぶっきらぼうにYes/Noを言うのは避けるべきです。

（2）英語学習を通しての国際理解

英語学習が、英米を中心としたことばと文化の学習に偏向する限り、英語教育と国際理解教育とは乖離《かいり》してゆくことになるでしょう。もっと広い視点から両者の関係が考えられねばならない。国際理解教育の基本理念は、次の3点にまとめることができます。

① 多文化共生意識（思いやり・連帯・協力の精神）の育成
② 自文化・異文化相互理解に基づく異文化コミュニケーション能力の育成
③ グローバル・アイデンティティの確立と平和・人権意識の育成

これらは相互に関連し合っているものですが、「グローバル・アイデンティティの確立」ができるだけ重視されるべきでしょう。日本人としての「ナショナル・アイデンティティ」を基盤とするよりもむしろ、グローバルな観点から自己を見直し、自己・他者・地球市民のつながりが基盤とならねばならない。いわば、ナショナル・アイデンティティとグローバル・アイデンティティとのコミュニケーションに基づく新たな「異文化共生人」がめざされるべきでしょう。

〈課題（20）〉
「つまらないものですが」の言い方について、日英両語で考えてみよう。

日本語では、手作りのクッキーなどを相手に勧める場合には、普通、謙虚に「つまらないものですが」など言う。日本人同士であれば、好感がもてる表現です。英語ではどうでしょうか。

英語直訳例：This is no good, but...

英語表現モデル例：This is for you. / This is something for you..

直訳の英語では、相手がアメリカ人などの場合には極めて奇異に感じられ、時には不正直だと誤解されかねない。また、「お口に合わないと思いますが」を英語に直訳して、

I'm afraid it may not go with your taste.

では失礼です。このような場合、英語では、

I hope you'll like it.

のように言うのが普通です。概して自分の気持ちをよりストレートに表現するのが英語文化です。ホンネを隠してタテマエを表現し、ホンネを理解してほしいと願うことの多い日本的対応との差異は大きい。

英語による異文化コミュニケーションを通して、グローバルな視野・感覚・態度を身につけ、異文化間の人間相互理解に基づくグローバル・シティズンをめざすことが、国際理解としての英語教育の目標です。「英語学習を通しての国際理解」は、相互に関連し合っているものですが、主として次の3点が重視されることになります。

① 異文化の人たちとも進んで交流しようとする態度と「異文化コミュニケーション能力」を育て、ことばと文化（価値観、発想・思考、など）のつながりを重視します。

② 英語内在文化ならびに他の異文化をグローバルな観点から理解し、自己理解に基づき自己発信する態度・能力を育てます。

③　多様な文化的背景を持っている人たちと交流することを通して、自国・自文化に目覚め、多文化共生社会においてコミュニケーションを図る態度・能力を培います。

Ⅳ・歴史を自分色に変えよう！

1.「歴史を学ぶ」とは何だろう?

〈課題(21)〉
「歴史」とは何だろう?

「歴史」は、過去の史実である、といえばそれまでです。しかし、それだけでは具体的にはよく分からないし、何も前進しない。「歴史」は、「人間社会の変遷・発展。また、その記録」(『新選国語辞典』、小学館)です。定義としては一応分かるわけですが、その内容はどうでしょうか。私たちは、小学校以来、いろいろな形で歴史を勉強してきました。確かに、人間社会がどのように変遷・発展してきたかを学んできたのだということは理解できます。しかし、大まかに言えば、何年に何があったかという、いわば「歴史的事実(史実)」を学び暗記したという気持ちが強い。そのような学習過程から、何となく、「歴史とは客観的史実」であり、個人的な考え方や感情の入る余地のないものというイメージが強い。本当にそうなのでしょうか。

たとえば、小学校の歴史教育の基準は、次のようになっています。

「国家・社会の発展に大きな働きをした先人の働きや文化遺産について興味・関心を深めるようにするとともに、わが国の伝統や歴史を大切にし、国を愛する心情を育てるようにする。」

(『小学校学習指導要領』、「社会科六年」)

ここでは、歴史への興味・関心と国を愛する心情を育てることが重視されています。確かにそれは重要なことですが、目指されている目標と実際に学んでいる側の意識の乖離《かいり》を感じずにはいられません。

「歴史」とは何かを、歴史学者などの意見のまとめとして、考えてみよう。

①　歴史は、人間存在の総合的な営みに基づいたものです。

「歴史は従来、人あるいは人の集団の営みが過去にどうだったかを記述するものであった。どこまでが経済で政治かと切り離すわけにはいかない。総合して見なければ歴史は見えてこない。個別学問を融合させる問題とは別に…人間と社会と自然との関係性で見ていく必要がある」

（松井孝典編、１９９８、54-5）

②　歴史は、自己認識の基盤となるものです。

「もともと現代日本人が自らをどのように認識するか、その前提となるのが歴史だと思います。できるだけ事実に則して実像をはっきりととらえることによって、自らがなんであるかという認識は大きく変わると思うんです。『孤立した島国』だから『島国根性』があって、日本人は国際性がないなどと言うけれども、むしろ庶民は国際性があったと思いますね。幕末に外国船が近海に出没したときに、それまで異国人と会ったことのない百姓たちがけっこう仲良くやっているのに、幕府の役人が付き合うことを抑圧しているわけだからね」（網野善彦、２０００、87）

「歴史を学ぶ」ということは、第一義的には、歴史をみる視点、自分にとって歴史とは何か、その問いかけを持つことです。史実を自分と離れて、ただ単に客観的に学ぼうとする視点だけでは極めて不十分です。歴史は、英文法でいう「現在完了形」です。すなわち、過去のつながりから現在を見ることです。あくまで現在の視点から過去とのつながりを見ていく姿勢が重要です。

歴史観は、過去を見る目を養うことを通して現在・未来への透視眼を持つということです。過去への眼が、これからの複雑な時代のなかでどう生きていくべきかという大局的な展望を与えてくれるものだといえます。現代の時代的課題を考え、今後の解決への道を拓くことに寄与するものです。たとえば、西欧重視の歴史観に立てば、自ずから見えてくるものは限定されています。西欧を、さらには東洋をも相対化して、人類という視点と地域主体という視点の複眼を持って未来への展望を拓いていかねばなりません。

中国の古くからの言葉に、「彰往考来《しょうおうこうらい》」というのがあります。これは、「過去の出来事を彰かにし、来るべきことを考える」という意味です。歴史を学ぶということは、正にこの「彰往考来」の探究にあると言えるでしょう。

〈課題（22）〉
「日本歴史の特色」とは何だろう？

（1）「創造的ブレンド文化」

日本歴史を通観してみると、日本の特徴は、一言で言うと、「創造的ブレンド文化」です。伝統的なものと新しいもの、国内的なものと外国的なもの、模倣的な面と創造的な面、などの二面性を持ちながら、一つにうまくブレンド・融合化されて、日本独自の文化創造を実現しています。新しい外来的なものに対して好奇心と憧《あこが》れの気持ちが強く、時には模倣過剰として批判されることもあります。しかし、外来的な新規性を取り入れながら、日本の風土や伝統に合いやすいように加工して土着化させる才能に長けています。伝統的な良さを残しながら融合させ、新しい文化を形成していく。この二面性の融合化による創造的活動、すなわち「創造的ブレンド文化」が、日本歴史の大きな特徴の一つとして提起することができます。

梅原猛（１９９０）は、日本文化の特質として「楕円《だえん》文化論」を展開しています。その主要点は次にまとめることができます。

①　日本文化は、縄文文化と弥生文化との対立をはらんだ総合です。

②　森の文化というべき縄文文化と、田の文化というべき弥生文化とが、それぞれ対立しながら調和している二つの焦点をもつ、楕円文化です。縄文文化は、今から約２３００年前、稲作農業文化が渡来するまでの約１万年の間続いた狩猟採取文化あるいは漁撈《ぎょろう》採取文化。平等を重んじる文化で、狩猟採取あるいは漁撈採取社会において、財のたくわえはきかず、獲物がとれると公平に配分されます。

③　日本文化は、その本質において森の文化です。

「神道」は、もともと自然崇拝の宗教であり、森の宗教であった。今なお神社は森にあり、また神社には神の使いという動物があります。もともと樹木や動物そのものが神であった。「仏教」は、日本に入ってきて、「山川草木悉皆《しっかい》成仏」などという合言葉ができ、人間中心の宗教から自然中心の宗教に変わってしまった。

④　弥生人はもともと自分たちが先進文明をもって外国から渡来した人間であるので、たえず外国の先進文化に注意を払い、新しい技術あるいは文化があれば積極的に移入しようとしてきた。こうして日本は中国やインドから儒教や仏教を移入し、日本を文明国家ならしめたが、その経験が明治以降も役立ち、日本は約１００年の間に、西欧から近代文明を移入して、今のような経済力を持つ近代国家になった。

⑤　しかし、今現在、環境保護が21世紀の社会の最も重要な問題となり、文化の移入ではなく、独自の文化的創造が期待されるとき、縄文文化の伝統が想起されるべきでしょう。その人間と自然とを一体としてとらえる世界観において、その一人一人の個性のすばらしい表現において、もう一度縄文文化の伝統が再考されるべきでしょう。

⑥　日本社会は、平等化の傾向が大変強く、それが外来思想の、あるいは仏教思想の、あるいはデモクラ

シー思想の影響を受けて、身分制を崩壊させてきたのです。こういう社会のダイナミズムは、やはり楕円文化論でなくては説明できないと思う。

(2) 過去志向

フローレンス・クラックホーンによると、未来志向の文化をもつ民族、過去志向をもつ民族、そして現在志向の大きく3つに分かれます。日本人は、過去志向の傾向が強い。過去にお世話になったこと、伝統や前例などを重視する傾向が強い。お中元やお歳暮は、過去の交誼《こうぎ》などに対するお礼の気持ちであり、「恩人」という考え方も過去志向の価値観から生まれている発想です。挨拶《あいさつ》においても、「先日はお世話になりました」ということを日常的に強調する風習が根強くあります。しかし、前例主義のマイナス面として、新しいことへは慎重で、なかなか新しい面へと脱皮できないという保守性が強くあります。

(3) 近代化の功罪

明治維新は日本の近代化の出発点であり、現代の日本は明治維新にその基礎を築いたと言えます。明治維新以降の近代化への足跡をたどってみると、近代化の功罪が見えてきます。

1868年から始まった明治維新は、封建制と鎖国制の廃止と欧米を模範とした近代化政策を強力に推進したことがその特徴です。

1) プラス面

明治政府首脳が近代化政策を堅持しながらも、急激な変革を避け、漸進主義をその方針とし、無用の混乱を避ける努力をした。西欧文化の優秀性を率直に認めてその摂取に努め、国際協調路線を堅持したこと、などを挙げることができます。

２）マイナス面

政府の上からの近代化推進で、一般国民からの盛り上がりに欠ける面があり、西欧一辺倒の感が強く、東洋や日本の伝統的な良さを放棄する方向に働いたことを挙げることができます。特に精神文化への軽視、人間優先主義による科学・経済万能主義の偏重が大きい。また過度に軍事力に依存しようとして大きな戦争やトラブルに巻き込まれることになったことも見逃してはいけない。

(4) 人間・自然共生主義

欧米の人間優先主義に対して、人間と自然を一体的にとらえる「共生主義」の傾向を強く持っています。人間と自然との一体化、同根的発想は、ことばにもよく表れています。日本語では、人間の顔が自然に対応しているのです。眼は芽、鼻は花、歯は葉、頬《ほお》は穂、というふうに植物に対応しています。自然への豊かな感性は、人を想う心のヒダと同根です。四季がはっきりしている日本においては、春が来れば花が咲き、秋になれば落ち葉が舞い、冬には木枯らしが「冬眠」して春への胎動を深めます。秋には鈴虫の音色に情緒を豊かにし、季節の移ろいを敏感にキャッチしてそれぞれの美を愛でることによって感性を育んできました。過去から現在、そして未来へと永劫《えいごう》に流れる時の流れの中で、「ゆく河の流れは絶えずして、しかももとの水にあらず」、万物流転の思想も生まれています。

〈課題（23）〉
日本の歴史の流れを概観してみよう。

① 大陸と陸続きの時代
現在の日本列島は島国ですが、約1万年前には大陸と陸続きとなっていました。

② 縄文文化の固有性
その後、海によって大陸と切り離されたことによって、日本人は、いったん「縄文文化」という日本民族固有の文化をつくり狩猟や漁労の生活を送った。その文化の自然を敬う心はやがて神道となった。

③ 農耕文化としての弥生文化
朝鮮半島から大挙してやってきた移住者から農耕文化として水稲耕作を学び、移住した人びととうまく溶け合いながら、弥生文化が誕生した。

④ 「海の外からきたもの」を取り入れながら創り出した固有性
紀元前1000年頃までの縄文文化時代の交通手段は陸路中心であったが、その後は永く海路中心の時代が最近まで続き、ここ30年頃《ごろ》前から空路が支配的となっています。今日までの約3000年の永い間、海の向こうからやってきたものを上手く取り込みながら日本固有の文化を創っていった。海に囲まれて外敵から守られてきたことによって、平和を愛する精神が身についていった。また、いわゆる「島国根性」に陥りやすい環境が、人々を知的探究への貪欲《どんよく》さを生み出し、海外情報を基盤にしながらも、さまざまな工夫を重ねて新しいものを生み出す「ものづくり」精神が発展していった。

海に囲まれていることを生かす思想、「海の思想」は、土地にしばられない移動性や冒険心、既成の価値観や枠組みへの挑戦などをその特色とし、進取の精神を育んできた。

⑤ 地方分権の国

日本は、歴史的に権力が地方分権的です。歴史の中で独裁者を探すというのは非常に難しい。権力は非常にいろいろな地域に分散されています。歴史的にはずっと地方に権力を分散してきた国です。

〈課題（24）〉
自分の系図を書いてみよう。

齋藤武夫氏は、「歴史の中にはご先祖様が生きている―命のバトンと国づくりのバトンを受けつぐために」を強調しています（齋藤武夫、２００３）。

歴史を単に「自分の外の過去の事実」と認識するかぎり自分とのつながりは見えてこない。歴史と自分とのつながりの視点として、先祖を考えてみます。歴史とは「先祖が歩いてきた道」であるとらえれば、たんなる物知りをつくるのではない、「国を愛する心情を育てる」歴史教育ができるのではないか。先祖とのつながりで歴史を見る授業を受けた児童は、その後の歴史教育の中で

「この時代にも日本列島のどこかに私の先祖が暮らしていたんだな」

「この人物の決断は、私の先祖の運命も変えたんだ」

というようにとらえられるようになるでしょう。歴史上の人物や出来事を、まさに自分自身の遠い来歴として意識するようになるでしょう。それは、先人の働きや国の歩みを「わがこと」として学ぶ姿勢にほかならない。みないまここに生きている「私」自身のことなのだと、そう思えるようになるのです。このような観点から、「自分の系図を書いてみよう」という実践へと発展します。

「みなさんの中には、将来日本の歴史に名前が残る人もいるかもしれません。もしそうなったら、未来の

子供たちがその系図でみなさんのことを勉強することになるでしょう」

＊日本の人口の推移

縄文早期　―　2万人
縄文中期　―　26万人
縄文後期　―　16万人
縄文晩期　―　7万人6000人
弥生初め　―　59万4000人
奈良　―　600万～700万人（良民：560万人）
10世紀初め　―　644万人
12世紀　―　699万人
1600年頃―　1227万人
1721年　―　3128万人
1832年　―　3242万人
1920年　―　5596万3000人
1950年　―　8320万人
1980年　―1億1706万人
1995年　―1億2557万人

これは歴史人口学による推計データです。このデータから、日本の人口の移り変わりを読みとっていくのです。およそ2000年前、日本が水田で米づくりを始めた頃だが、人口はおよそ60万人に過ぎなかったと推定されていることがわかります（小和田哲男、31-2）。

＊「自分の番　いのちのバトン」

父と母で二人
父と母の両親で四人
そのまた両親で八人
こうしてかぞえてゆくと
十代前で千二十四人
二十代前では——？
なんと百万人を越えるんです
過去無量の
いのちのバトンを受けついで
いまここに
自分の番を生きている
それが
あなたのいのちです
それがわたしの
いのちです
　　みつを　　（相田みつを）

歴史上有名な人物だけでは日本という国は生まれません。次々にここまでバトンは受けつがれてきて、共に歩んだからこの日本があるのです。「歴史上の有名人」と「私たちのご先祖様」がいっしょになって日本を守り育ててきました。それは「国づくりのバトン」です。そのおかげでいま私たちがこうして生きられます。そういう感謝の気持ちで歴史を学ぶことが大切です。歴史はまさに「日本人である私たち自身」についてのお話なのです。命のバトンだけでなく、日本という国の、歴史のバトンも受けつごうという気持ちになれることが目指されています。

2.「世間・社会・個人」の再点検

日本社会は、伝統的には、森に鎮守する「社（やしろ）」での何十人かを基盤にした「世間」のつながりが育んだものです。「世間」は、日本人が利害関係を通じて結んでいる絆《きずな》であり、いわば個人と個人が結びついているヒューマン・ネットワークです。世間の中に個々人が生きていて、極めて強力なつながりがあったのです。しかしそれは、ややもすると、世間に埋没した自己となりやすく、世間に縛られている個人をいかにして解放するかも問題となる社会です。世間や人の目を意識するあまり、言いたいことやしたいことができ難い面を同時に内包しています。

個人をベースにした欧米社会と違って、世間のつながりをベースにした社会に生きてきたのが日本人です。最近では西欧的な個人意識に基づいて、個性が重視され、自分が正しいと思ったことを堂々と主張するように教育されています。しかし、現実の生活においては、「世間」のしがらみに巻き込まれています。一方では、西欧型個人主義社会を目指しながら、他方では、世間からの束縛に身を委ねているのが現状です。いや、むしろ、個人主義が強くなって、自分さえ良ければいいというような利己主義が横行し、もっと良い意味の世間のつながりが必要になっています。

個人差は当然ありますが、一般的な傾向として、自己主張を潔しとしないのが日本人です。自分の意見や感情を率直に述べることに得意ではない。相手の意見に反対したいと思うときも、私たちは、反対の意思を率直に述べようとする欧米人と違って、「そうですね…」とか、「それも一理あるでしょうが…」というだけで余韻を残し、後は察してください、という甘えがあります。言葉遣いだけでなく、態度や服装もできるだけ目立たないように、皆に合わせる努力をします。世間に合わせる文化が基本になっているからです。

〈課題（25）〉
「個人」－「世間」－「社会」の関係を考えてみよう。

「個人」という言葉の初出は１８８４（明治17）年であり、それまでは個人という意識は持っていない。「Ａ村の一員」（世間）という意識が強かった。

「社会」は、次の二面性をもっています。

①　英語の翻訳語としてできたものではなく、日本に昔からあることばです。古代人は、第一にその土地の神様を祀《まつ》って社とし、その社にその地域の人が集まって会合して相談する、これを社会と言っていた。

②　英語のsocietyの意味での「社会」という言葉の初出は１８７７（明治10）年です。西欧の「社会」は、対等な個人同士で成り立っており、個々人の力で変えることができると考えられています。

日本では、「個人」と「社会」の間に「世間」があります。「世間」は、日本人が利害関係を通じて世界と結んでいる絆であり、パーソナルな、人的な関係で、いわば個人と個人が結びついているネットワークです。

われわれ日本人は、世間のなかでこそ自己を開示することができる国民です。「世間」では、個々人の関係は対等ではなく、個々人を超えて存在します。企業ぐるみの犯罪などに現れているように、「世間」「世間体」に従って生きています（阿部謹也、２００２）。

3. 未来への「歴史的展望」

(1) 過去を自分色に変えて未来展望を

〈課題（26）〉
歴史は変えられるか、考えてみよう。

「歴史」は過去の客観的な史実であって、不変的なものである、と考えていいでしょうか。そう簡単には言えないでしょう。まず、「歴史」とは何でしょうか。歴史は、確かに過去に起こった事件や事柄の記録です。しかし、その記録を書いた人は歴史家が中心であるとはいえ、主観的な記述にならざるをえない面を持っています。過去の認識をするとき、時間的及び物理的制約が程度の差こそあれ、介在します。時間の流れの中でどこをどのように捉えるか、立体的・流動的な史実をどの様な視点からどのように記述するか、について個人差が生まれます。すべての時間的流れを全体として捉えることはできないし、多面的な史実をすべての面から捉えることもできません。実際には、どの面から何を強調して記述するかが記述者によって異なってきます。

歴史には、記述者などの主観を超えた客観的役割と、歴史を認識し記述する人の見方・考え方によって歴史が動き社会が発展していく主観的・創造的側面の両方があるのです。私たちは過去を直接的に認識することはできません。史料などに基づいてできるだけ偏見や読み込みすぎにならないように努めることが大切です。歴史が「人間歴史」である以上、人間の意志や視点・考え方によって歴史は創られる面があることを認識しておかなければならない。歴史は歴史を記述する人、歴史を見る人によって創られ、変えられるものでもあるのです。

「歴史とは人間の歴史だ。様々な人生の厖大《ぼうだい》な累積であって、歴史に入りこむことは、人間性の微妙さに直接ふれることであろう。この意味で歴史家とは人間の研究家であり、人生探究家でなければならない」（亀井勝一郎）

歴史は、歴史の捉え方とその分析基準によって認識される内容は異なっていきます。以前は西欧近代絶対主義的な分析基準によって、日本的な伝統や現実は過小評価されてきた傾向が強かった。過剰な西欧依存的歴史観でなく、適度な参考として取り入れながら、今の私たちに必要な視点を主体的に確立していかなければなりません。

このように考えてくると、私たちは、過去を自分なりに掘り起こし、自分色に変えながら今後の生き方を持つ努力をして生きているのです。

（2）新たな伝統の創造を

近代は、社会および人間のいろいろなあり方に対して、凸凹はならし、すべては均質化していくものです。地域に根ざしたいろいろな伝統とあり方の多様性は、無くす方向に動いた歴史を経験しています。伝統放棄への舵《かじ》を切ったのは明治維新です。明治国家は、各藩に分かれていた大地を「大日本帝国」という単一不可分の「領土」へと還元し、また士農工商という身分制度を解体して、単一不可分の「国民」を作り出しました。均質な「国民」を作るということは、国民と国家とを直接的に結びつけることになります。

最近は、均質化への反動として、個人主義によるバラバラな状況を呈しています。均質化によって日本古来からの伝統を喪失し、個人主義的人間優先主義によって、世間・地域のつながりや、人間と自然のつながりという美しき伝統を放棄する道を辿《たど》っているように見えます。均質で画一的な「国民の課題」ではなく、さまざまな「地域住民の課題」を掘り起こし、課題解決をすることが必要です。今や、伝統に誇りを取り戻しながらも、現代の観点から見てより相応しい伝統を創造していく努力をしていかなければなりません。

「あっそうか、そういうことだったんだ」と腑《ふ》に落ちたとき、グレーだった過去もバラ色に変わります。過去を塗り替えられれば、未来も自分の色に染められます。「自分は恵まれていない」の思いは、不幸の種。肉体は衰えることはあっても、心は永遠に若くいられる。視点を上向きに変えていけば。

「下り坂、振り向けば上り坂」

「言葉」は、いろんな人の心に種を蒔《ま》くもの。ブーメラン。

Ⅴ．自分づくり・人づくりの本質を求めて

1．視点・発想・文化・表現のつながり

〈課題（27）〉
人間の知覚・思考は、使っている言語によって影響を受けるのでしょうか。

ことばと人間とのつながりは切っても切れない関係にあり、ことばは人間存在の根幹をなすものです。「体は心が動かすように、ことばはこころが語るものです」筋肉が体を動かしているのではなく、研ぎすまされた集中力が体を動かしてゆく。「やりたい」「やればできる」という希望が力を得て、体を動かす。心の音叉《おんさ》が響き合って、ハーモニーを生む。体もことばも、動かすのは「心の指令塔」です。

自然現象や抽象的な存在などすべてを含んでことばが使われます。人間存在のすべての事柄を対象としてことばが使われますが、すべての現象や存在を、一つの言語ですべての面からカバーし尽くすことは不可能でしょう。それぞれの言語には、その言語的視点からの世界が広がっており、異なった言語によって、少しずつ違った世界が広がってゆくと考えられます。たとえば、虹《にじ》（rainbow）の色の数は何色でしょうか。虹という自然現象そのものは、世界共通です。もし、言語が異なっても人が一様な見方・考え方をするのであれば、この「虹は何色か」という問いはナンセンスとなります。ところが、実際には、日本人は7色と考えていますが、ことばにより文化によって区別する数は異なります。アメリカ人の多くは6色と考え、アフリカの言語では2色や3色に数えるものもあります。また、古代日本語では、「アカ・アオ」の2色で、色彩のすべてを赤・青・白・黒の4種類に分けていたということです。

このような例をいろいろと考えてゆくと、人間の知覚・思考は、使っている言語によって影響を受けるの

ではないか、という考え方が容易に浮かんできます。この考え方を強調したものに「サピア＝ウォーフの仮説」というのがあります。言語と思考・文化・行動様式は密接な関係にあるという考え方です。

ウォーフ(B.L.Whorf)は、たとえば、英語のsnow（雪）は1語であるが、エスキモー語にはさまざまな雪の種類を表す別語がいくつかあることを挙げています。エスキモー人にとっては、雪は死活問題で、生活に占める重要度が高く、表現語彙《ごい》も豊富になっていると考えられます。また彼等にとっては、カリブーやアザラシは極めて重要な動物で、その大きさや種類など細かく分類しています。ウォーフの主張は、思考は使っている言語によって知らないうちに方向づけられている、というものです。

この「サピア＝ウォーフの仮説」は言語相対性という重要な点を指摘していますが、一つの面で、言語の持つ普遍性も否定できない。言語は、この両面を持っており、どちらかに極端に流されないように留意すべきです。

〈課題（28）〉モノに対する視点・発想によって何が見えるだろう？

ものごとは、多面的で立体的な存在です。たとえば、「象とは何か」という問題に対して、どの視点からどのように見るかによって、見えるものは異なります。部分的な鼻、胴体、足などの点から見ることもできれば、全体としての形、特性、生存分布などの面から見ることもできます。

一面的な見方では、一面の真理ではあっても全体像に迫ることは難しい。たとえば「捕鯨」の問題も、考え方や立場によって異なった意見となり、国際的対立が深まります。「国際捕鯨委員会（International

Whaling Commission)」が設置されています。近年では、日本、ノルウェーなど「捕鯨を望む少数の国」と欧米を中心とする「捕鯨を望まない多数の国」との政治的対立の場となっています。商業捕鯨の再開・続行か、環境保護かの立場の違いが、深刻な国際問題になっています。

ことばの面でも、同じようなことが言えます。私たちは、常に偏りのない見方・考え方をするよう、平素から努力しています。しかし、意識または無意識のレベルにおいて見方が偏って、別の観点から考えたり、グローバルな視点で見るような見方に欠けることになりやすい。日本語的発想に基づく見方・考え方に加えて、英語的発想やグローバルな発想を持てるよう、努めねばならない。

私たちはみんな、自分の主観、自分が認識する能力の範囲において生きています。自分が認識している、あるいは認識していると思っている世界以外に多くの世界があることを忘れがちです。主観によって客観世界を認識していますが、そこに見えている客観世界は主観の反映でしかないことに目覚めねばなりません。

2. 新たなパラダイムを目指して

(1)「パラダイム」とは何か

パラダイム(paradigm)ということばは、もともとは「範型・手本」を意味するギリシャ語に由来するものですが、アメリカの科学史家T・S・クーンが、科学理論の歴史的発展を、その概念を用いて分析したことから、一般にも普及していったことばです。

「パラダイム」とは、「知の枠組み」であり、「世界観、普遍的観点、複雑な現実の世界を分類する方法」です。時代や社会構造などによって、集団生活の根幹を流れる考え方は程度の多少こそあれ異なるもので、その社会に属する人々によって共有されている信条、価値観、技術などの総体は時代の変遷によって少しずつ変化していく。

それでは、現代の日本社会はどのようなパラダイムによって成り立っているでしょうか。社会全体と個々人の関係はどのような状況になっているでしょうか。現在はどのような過去の上に立って存在し、どのような未来に向かおうとしているのでしょうか。このような基本問題を考えることは、人間理解・自分理解につながり、自分としての生き方の行方を見通す上にも大きな意味を持つものです。

(2)「ヒューマニズム」再考

人類は20世紀において飛躍的な科学的進歩を経験してきたが、自然破壊や人間性喪失などの根源的な課題に直面しています。今までの主流であった機械文明・自然支配的人間観中心の「西洋型近代的合理思想」からのパラダイム・シフトが求められています。

「ヒューマニズム」って何でしょうか。何か人としての道を踏み外した行動を取ったりした時、人はよく「ヒューマニズム」に反すると言う。そのような場面で使う「ヒューマニズム」は、人が人として持つべき倫理観、人間性を尊重する博愛主義という意味で使われています。そのような意味における「ヒューマニズム」の重要性は大いに認識すべきです。

ここでは、別の意味で使われる「ヒューマニズム」を問題にしています。それは、現代のパラダイムの一つとして「ヒューマニズム」という思想です。ヒューマニズムの基本は、人間が自分の行動と自分の居住している環境を制御する力を有しているという考え方で、いわば「人間中心・優先主義」です。

人間を主体とみなす思想は、近代ヨーロッパの人間観です。そのような考え方では、自然をそれとは異質な客体と見なし、それを客観的・科学的に把握していくという方法を生み出してきました。そのことが科学技術をどれほど進歩させてきたかは、計り知れない。しかし、人間と自然の関係はどのようなものなのでしょうか。

人間は、自然の一部であり、自然界の一員としての生命体です。人間は、他の生命と同様に自然の営みの全体に依存しています。しかも、地球という限られた存在における地球全体の営みの中で生きています。そのような、いわば自然と地球への絶対的な依存性に対して、これまでのように人間の主体性を一方的に優先させるような奢《おご》った考え方が、どれほど自然を破壊し、環境を汚染してきたでしょうか。

今、「地域創生」が緊急課題であるのは、宇宙観・世界観・人間観の基本に関わる「パラダイム・シフト」の問題です。人間と環境との共存、あるいは人間主義と環境主義を超えた新たなパラダイムの構築が目指されねばなりません。

「パラダイム・シフト」

従来のパラダイム	これからのパラダイム
1. 価値の多様化、個人の自律的生き方	1. 他者との交流・援助・共生により、開かれた人間関係に基づく調和のとれた個性的自己創造—人間主体から地球主体へ
2. 機械文明・自然支配的人間観中心・近代合理主義—分析的・要素還元的・客観的な科学的知識（自然法則）を絶対化	2. 共生主義に基づいて国や文化、価値観などの異なる相手との相互理解を深めていくためには、自分の立場や主張を明確にすること
3. 市場経済・自由競争・利潤追求・大量生産などのシステム（大量生産と大量消費、さらには大量	

廃棄に基づく「豊かさ」)

4．〈効率性〉に基づくだけの「技術」開発、量的拡大と効率を追求する機能的経済価値を中心目標とする

5．歴史的な風土や土着的な伝統に根ざした地域社会の特徴、家族や様々な集団の特徴などの喪失

6．科学技術の長足の進歩によるひとつの副産物として、環境問題、食料・生命問題などの人類存亡の危機とも言える大きな課題が生起

7．人間は他の生物とは対立するものと考える二元論―近代科学は主体とを明確に分離し、客体を対象化することによって、それを厳密に分析し、客観的にその実体を解明しようとする

8．「近代」とは―均質な「国土」における平準化された「国民」の課題を、「主権」を持った国家が排他的に実現していくシステム

9．他者とのマナーに無頓着《むとんちゃく》だった主体的＝個人的ヒューマニズム、それは近代のヒューマニズムの限界：価値観の混乱

3．ポストモダニズム・ポスト実証主義―自然と人間の共生、豊かに自然・文化・人間が根幹的に関わり合い、心の質を問うパラダイム

4．東洋の精神遺産の再評価、主として心の豊かさや心地良さ・美しさなどの感性価値の充実を追求する社会―物質的な豊かさの拡大からの質的転換、コミュニティ、自然とのかかわり、ゆったりとした時間（心のゆとり）

5．人間の労働・生活・文化の基底的圏域＝定住圏、人間らしく生きる自己実現と文化の継承・創造への協働の場としての地域

6．個々の学問研究領域での集積では不可能で、包括的・総合的な対応が必須

7．一元論―人間と他の動植物の間にも大きな壁は設けない。自分の周りを簡潔したひとつの小宇宙として一元的に捉えている。

8．地域における価値の創造―与えられたゴールへと殺到することではなく、ゴールそれ自体を選び

―従来からの日本人的生き方と欧米的な生き方とのゆらぎ

出すこと、「価値を創造する」こと
9．コミュニティ・イノベーション
―住民主導の地域づくり：現代及び中・長期的ビジョンに基づく新たな地域創生の必要性を踏まえた地域創生学の確立

3．「精神的バックボーン」を身につけよう！

日本人の生き方として特徴的なのは、「生かされている」という考え方に基づいていることです。昔から、人は自分の力で生きているのではなく、神さまの恵みと先祖の恩によって生かされているのだという感謝の生活をしてきました。一方、欧米人は、人間は自分で生きていると思っていますので、自然を人間の力で回復しようと考える傾向がみられます。日本人は、人間中心・自己中心ではなく、どのようにしたら自然が喜ぶか常に自然の立場から考え、相手の気持ちになって生きていく傾向が強かったようです。

ＮＨＫ放送文化研究所が、全国の16歳以上の国民を対象に１９７３（昭和48）年から5年に1度行っている調査に「日本人の意識」調査があります。質問項目は、「生活の目標」や「理想の人間像」など基本的価値から、「仕事」や「宗教」など経済・社会領域、「夫婦・親子関係」など家族・男女関係の領域、そして「政治活動」や「ナショナリズム」など政治領域まで多岐にわたっています（ＮＨＫ放送文化研究所編、２００４）。

日本人の精神は、極めて柔軟で世界的にも特異な存在であり、古来から「神仏儒」の三つの源流によって形成されてきました。自然と人間の一体、神と人間の一体による神道、無常・諦観《ていかん》の中ですべての人の救いを説く仏教、「明明徳」（道徳の支配する社会）を求めて社会秩序形成を志向する儒学の三源流の調和的発展が見られました。明治以降は、ヨーロッパの近代を全面的に受け入れ、しかも「和魂洋才」を目指して日本の伝統との調整に努力がなされた。戦後はアメリカのイデオロギーを強制され、伝統的精神が大きく後退してきました。

このように多様な考え方・価値観が混在している現代社会にあって、あまりに混沌《こんとん》とした状況にあり、何を心の拠り所にして生きていくべきかが見失われています。人によって心の拠り所は異なっていいものですが、今や、歴史に学びながら、21世紀の日本人のあり方として、私たち一人ひとりが持つべき精神的バックボーンの確立が急務です。

⑴ 近代最初の国際人：新渡戸稲造の人間学

新渡戸稲造（１８６２－１９３３）は、５０００円札の顔として一般に知られていますが、近代日本が生んだ最初の偉大な国際人と言われています。東京外国語学校に入学し、英語を学ぶかたわらキリスト教と外国文化に親しんでいます。「弱者にも貴人にも隔てなき尊者、巨大なる世界人」（賀川豊彦評）と言われています。

『武士道』は、新渡戸稲造が37歳のとき、アメリカに滞在中に英文で書かれたものです。『武士道』は、初版刊行後大きな賞賛を博し、新生日本の真の姿を知ろうとする欧米で多くの読者を勝ちえたのです。次に、そのエッセンスを抜粋してみよう（新渡戸稲造、１９７７）。

①　武士道は、日本の象徴である桜花にまさるとも劣らない、日本の土壌に固有の華です。

②　武士道は知識のための知識を軽視した。知識は本来、目的ではなく、知恵を得る手段である、とした。…このような知識は、人生における実際的な知識適用の行為と同一のものとみなされた。

③　武士道の光り輝く最高の支柱は「義」で、義理（正義の道理）なのです。

④　武士の訓育にあたって第一に必要とされたのは、その品性を高めることであった。武士道の枠組みを支えているかなえの三つの脚は「智、仁、勇」といわれ、それぞれ、知恵、慈悲、勇気を意味しています。

⑤　武士道は日本の活動精神、そして推進力です。武士道の感化は、今なお、どんな人間にでも読みとれるほどに明々白々です。

⑥　その反面、私たち日本人の欠点や短所もまた、大いに武士道に責任があると認めざるを得ない。日本人が深遠な哲学を持ち合わせていないことは、武士道の訓育にあたっては形而上学《けいじじょうがく》の訓練が重視されていなかったことにその原因を求めることができます。

新渡戸稲造は、「個性のある豊かな教養と確かな見識をもつ人間教育の重要性を唱え、大学では人間として苦しみ、そこで得た人間観、価値観を語り、一高では野心に満ちた学生、煩悶《はんもん》する学生に高遠な理想と自己反省を教え、一般社会では人間らしい世渡りの道と修養のたいせつさを通俗的に説いた」と言われています（『世界大百科事典』、１９８８）。

（2）儒学・陽明学

儒学は、日本では、江戸時代の官学として知られていますが、孔子の時代以前よりあった中国思想を集大成し、孔子や孟子などが体系化し、その後中国の宋時代に朱子などの活躍で学（朱子学）として確立したものです。中国思想史の中で、儒教は、儒学性（礼教性）と祈祷性《きとう》（宗教性）が次第に分離し、その後は前者は儒学として倫理学・政治学などとして深まり、我が国では、宗教色をかなり脱してきています。日本における近代化における精神的バックボーンとして中心的役割を果たしてきた儒学は、戦後、占領軍によって徹底的に排除され、精神的バックボーン不在の状況が続いています。

儒学は、人間としての生き方、社会の正し方を基本とし、四書五経を聖典としています。儒学の一つである、「陽明学」は、王陽明の「万物一体の仁」（人間・動物・草木瓦石《がせき》すべて一体）と「知行合一」（知は行の目的であり、行は知の実行）、及び「良知」（あらゆる人にある本来的知）を基盤として、日本の風土に合わせて培われてきました。

「知行合一」は、「知は行の目的であり、行は知の実行である」という考え方です。王陽明の「正しいことを行っていないでどうして正しいことを知っていると言えるのですか」のことばに典型的に表れています。

「万物一体の仁」は、世界は一つになってつながっており、人間・動物や草木瓦石に至るまで一体で、すべてのものの心と心がつながっているものです。そこから、他人の痛みを自分の痛みと感じる心が実践を生んだ。王陽明流の万物一体論は、西洋流科学的分析の限界を超える新しいパラダイムとして大きな意味を持つものと言えるでしょう。

儒学の思想的特長は、倫理を個人のものではなく、人間と人間との間に成立するものと考えた点にあると思われます。つまり「つながり」の論理重視です。たとえば、「義」は君と臣の間に、「親」は父と子の間に、「信」は友人と友人の間に成立する徳であるという点に見られます。アリストテレスの倫理は明らかにポリスのなかにおける個人の倫理学であり、人と人との間に成立するものではなかったが、儒学においては徳は縦あるいは横の人間と人間の関係のなかに成立するものであるという考え方が基本にあります。また個人は父や祖父をはじめとして遠い祖先との関係においてとらえられています。つまり人間は、近代ヨーロッパ思想のように絶対の実在性をもつ個人としてではなく、何々家の何代目の某という時間的関係、および君臣、親子、兄弟などという社会的関係のなかでとらえられるのです（梅原猛、１９９６）。

（3）神道・仏教

〈人類が最初につくったのは「森の宗教」〉

「森の宗教」は、多神教です。他の神を排斥する唯一神はありません。多神教であれば、自分たちの信じる神以外の神も認めることができます。そこには寛容の精神があるからです。一神教は、いわば自分たちだけが正しいという、正義の宗教です。一方、多神教は相手を認める、寛容の宗教なのです。それが人類が最初に生み出した宗教であって、21世紀はそういう宗教に戻る必要があると思うのです。

〈子どものころに「偉大なもの」に触れる大切さ〉

「サムシング・グレート」というべきか、偉大な存在に対し、感謝し、畏敬《いけい》する気持ちのことです。

「宇宙が宇宙あらしめている偉大な存在があり、それがあなた自身をもあらしめています。それに対して、あなたは素直に感謝し、畏敬しなさい」

大乗仏教の基本は「自利利他」で、自分を利して、他人も利することです。

（4）私塾の人づくり

私塾で学ぶことの良さは、次のようにまとめることができます（大西啓義、１９９６）。

①　身分や貧富に関係なく、さまざまな若者が門を叩《たた》き、互いに切磋琢磨《せっさたくま》できたこと。
②　自由な雰囲気で個性を殺さない教育が行われたこと。この自由さが天分や資質を伸ばすためには極めて大切。
③　塾の主宰者が情熱と愛情を持って教育に当たったこと。松陰や本居宣長はその典型。

1）吉田松陰の「松下村塾」
松陰は幕末に生きた非常に情熱的な人です。30年という短い生涯ながらも、自身の情熱で多くの人たちの心を揺り動かし影響を与えました。松陰の生き方は21世紀を生きる私たちに多くのことを教えてくれます。

松陰が塾生に「君は何のために学問をするのかね」と尋ねると、塾生は「どうも本が読めませんので、よく読めるようになりたいのです」と答えました。すると松陰は「学者になるのではないのだよ。人は学んだことをどう実行するかが大切なんだよ」とさとしました。塾での勉強は、ただ物事を知ったり、理屈を言うだけでなく、何事も実行していくことの大切さを学ぶことでした。このように松陰は、自分の持っている知識を役立てて、今の日本の問題をどう解決するのかという生きた学問の重要性を説きました。

松陰は塾生と一緒に米をつき、畠《はたけ》を耕したりする「相労役」の時間を持つように心がけました。塾生との会話にも諧謔《かいぎゃく》や滑稽《こっけい》を交えることにつとめたことも『諸生に示す』に書いています。小屋を改造してつくった8畳の講義室が狭くなったので増築したが、大工の手を借りず塾生の自力で建てたのは10畳半の塾舎である。松陰も労役に参加しました。

2）緒方洪庵の「適塾」
緒方洪庵（1810～1863）は、当代きっての蘭方《らんぽう》の医者、学者であるとともに教育者でもあります。1838年（天保9）から1862年（文久2）の25年間大坂・船場で塾を開き若い人たちの教育にも多大の精力を注いでいた。その力量を知る幕府は１８６２年（文久２）、江戸に召しだし奥医師とすると同時に西洋学問所の頭取としたのです。塾生たちの勉強ぶりはすさまじかったようで、福沢諭吉にして、自伝の中で「凡そ勉強ということについてはこのうえにしようもないほどに勉強した」と述懐しているほどです。このような自由闊達《かったつ》な塾風が、幕末から明治初期にあって各分野で活躍する多様な塾生を数多く輩出したのです。

「彼の偉大さは、自分の火を弟子たちの一人一人に移し続けたことである。弟子たちのたいまつの火は、後にそれぞれの分野であかあかとかがやいた。やがてはその火の群れが、日本の近代を照らす大きな明かりになったのである。後世のわたしたちは、洪庵に感謝しなければならない」（司馬遼太郎）

洪庵が適塾で行った教育は自主性を何より重んじた個性教育であった。人間一人ひとりの資質や才能を最大限に発揮させた。松陰は精神性、洪庵は合理的科学性を重んじた教育を行ったようです。松下村塾では松陰の講義を塾生がマンツーマン的に受講したのに対し、適塾では勉学はあくまで学生の自主性に任しました。ただし、彼らがどうにもならなくなって、聞いてきたときやあるいは古参の塾生たちが、さらに学問の向上を望んで、講義を望んだときはすぐ出て行く、という方法をとっていました（大西啓義、１９９６、79）。

〈課題（29）〉
「家族」から現代社会の課題を考えてみよう。

社会における現実的な基本単位は「家族」です。「夫婦を始め、生活を共にする親子・兄弟などの血縁集団」（『広辞苑』）が家族です。家族のあり方や、社会における家族の位置づけについては、世の流れとともに変容していく面があります。現代社会において、家族はどのような意味を持っていて、家族から見ると現代社会はどの様に見えるでしょうか。

古来より、日本においては、家族間関係を内包した「世間」が機能してきました。「世間」は、「日本人が利害関係を通じて世界と結んでいる絆《きずな》であり、パーソナルな、人的な関係で、いわば個人と個人が結びついているネットワークである」（阿部謹也、２００２）。世間の中に有機的に溶け込んでいたのが家族であり、個人でした。しかし、段々と世間の絆が弱まり、個人優先社会になってきています。世間や地域社会の伝統とか慣習などに縛られることなく、単独で個人が個人として生きることが重視されてきています。世間の繋がりや共助精神よりも、個人としての能力や嗜好《しこう》が圧倒的な強さを発揮する社会です。いわば、「世間崩壊」と「個人優先」が同居する社会となりつつあります。このような一般的傾向は、はたして望ましいものでしょうか。

個人優先によって家族が崩壊し、地域との共同体としての一体感もない社会にあっては、地域の教育力など望むべくもない。家族や地域で少しずつでも守ってきた公共道徳や生活倫理も失われつつあるようです。他人の目を気にするのは、マイナス面もあるが、皆で一緒に守っているような連帯感があって、人が見ているから変なことはできないという行動コントロールの役割にもなっていました。それが今は、法に触れなければ何をしてもいいような、あるいは法を犯してでも自己欲望を満たそうというような道徳的真空状態を作っていると言えるでしょう。

世間という異世代交流集団が段々と失われ、子どもは子どもだけで遊ぶ傾向が強くなっています。キャッチボールも父子でやっている姿はほとんど見られず、今や子どもの相手は「壁」です。異世代交流が進んでいる状況であれば、遊びを通しての交わりによる実際的・道徳的な学びも起こるが、子どもだけの遊び集団ではそのような学びも相対的に少なくなります。ましてや、子ども同士も外で遊ばなくなり、大人の視線や社会的なつながりは薄く、世間の出番はますます少なくなっていきます。さらには、子ども集団も均質化し、上級生や下級生、ガキ大将や弱虫などの多様性は少なくなり、協力し合ったり、我慢して譲る思いやりを持ったり、ケンカをしても約束事のようなものがあったりして、皆で一緒に遊ぶことによって社会性などの体験学習が自然になされていく環境がありました。そのような環境が失われていくと、我慢のしどころやケンカの手加減などもわからず、極端に走ってしまいやすい。すぐむかついたりキレたりする子どもが勢い増えていくのは自然な結末でしょう。

核家族化して異世代間のしつけなどのバトンタッチもなく、育児文化の伝承と更なる発展などは期待薄となっています。共稼ぎや単身赴任などによる育児の母親任せが増え、母親の育児不安や必要以上の過保護・過干渉などが子どもに悪影響を及ぼします。家族でどのように子どものしつけや家庭教育をするかは、両親での相互的・総合的対応が必須です。母親的やさしさと父親的厳しさとがいかにバランスよく融合していくべきかを、家族内および地域社会内での共通課題として検討が進められねばなりません。

〈課題（30）〉
「良心」の伸長を目指して「道徳の教科書」を作ろう。

歴史を紐《ひも》解いてみると、日本の良き伝統は、少なくとも二度にわたって否定されてきています。明治維新と、第二次世界大戦の戦後です。明治維新の合言葉は文明開化であり、戦後は民主主義と自由の時代です。文明開化と、民主主義の思想は、日本人のこれまでの価値観を根こそぎ崩壊させるほどの効力を発揮した。

過去を否定しながら、日本人はひたすら新しく生きる規範を追い求め続けてきたのであった。敗戦後の民主主義革命は、学校教育から修身教育を追放した。何故なら、日本を軍国主義へ駆り立てたのは、儒教のもとに形成された武士道にある、とアメリカが判断したからだった。戦後の日本には、道徳に対するアレルギーが蔓延《まんえん》し、これまでの儒教的道徳観念は、自由と民主主義とに敵対するもののように受け止められた。倫理道徳とともに、温故知新、不易流行といったバランス感覚も失われ、日本はひたすら、アメリカに追随して戦後を駆け上がってきたのです（矢吹邦彦、１９９６）。

日本古来からの良心や道徳が希薄になっているのは、近代化の流れの中での一つの結末ともいえます。個人の権利と平等を基盤にした民主主義は、それなりに大きな意味を持っていることは否定すべくもありません。しかし、一方で、日本的な良さを置き忘れることにもつながっていることを認識しておかねばなりません。

「良心」とは、「何が自分にとって善であり悪であるかを知らせ、善を命じ悪をしりぞける個人の道徳意識」（『広辞苑』）です。人間に生まれながらに備わっている精神規範です。この良心がブレーキになって、好き放題に行動することを抑えます。「良心」とは、人間の利己を抑制し、正しいことを正しいままに貫かせてくれるものなのです。

日本における良心は、自然との関係、人間と人間との関係が重視され、超越的なものも、この関係に即してとらえられる傾向が強かったのです。良心という本来的な精神規範を、これまで歴史を通じて育ててきたのですが、最近はその精神的基盤が大きく揺らいでいる感が強い。最近の物優先、経済重視、個性重視などの西洋的パラダイムの流れの中で、徐々に本来的良心が歪められつつあるようです。良心のブレーキの効きが悪くなって、自分さえ良ければよいという欲望の赴くままに行動してしまう人が増えているようです。

このような良心の危機状況を乗り越えて、良心を自己および家族・学校・社会で育てていく努力が今ほど必要な時はないのです。良心を育てる「道徳の教科書づくり」をしたいと思います。良心あるいは道徳という人間が社会のなかで生きていく基本を歴史に学ぶ教科書としてまとめることが必要です。次のような参考例に基づいて作成するといいでしょう。

①「十七条の憲法」を参考として

道徳教科書の基本として、聖徳太子が「十七条の憲法」をつくったときの精神を参考にしたいと思います。これは、聖徳太子が６０４年に発表したものとして『日本書紀』に記されています。仏教だけでなく、儒教の道徳も加わっています。「和を以って貴しと為し」で始まり、和の尊重や天皇への服従など、人が守るべき心得を示したものです。聖徳太子は日本の国づくりの設計図を書いた人物なのです。その設計図の大方針の一つに、「仏教を取り入れ、仏様と日本の神様の両方を祀る」ということがあります。外国文化の良さに学び、日本の伝統文化の良さも守り、両方を生かすという考え方です。内的な伝統と外来的な新しさの統合を図り、新たな日本を創造していくという偉業を成しています。

② 仏教思想を参考にして

近代科学は、あらゆる存在を自己の主観から切断して、純粋に客観的な存在として観察し、処理することが必要条件となるものです。それに対して仏教の考え方は、ものごとを自己から切り離して、客観的に見る立場を否定します。ものごとを対象化することは、宇宙の全体像を捉えることはできない。部分を寄せ集めてみても、それではものの真実の姿を把握することにはならないという。

仏教の基本精神は自分を利して他人も利することにあります。仏教の思想は、次の3点に要約できます（松長有慶、１９９７、２０７-８）

1）自己中心の視野から、宇宙的規模の視点への転換である。エゴを脱した広い視野を持って、現実世界を眺める必要があろう。

2）近代科学を律する一元的な価値観のみを絶対視することなく、あらゆるものがそれぞれ独自の価値をもつことに気づくこと。

3）議論を重ねることよりも、まず体を動かすことの重要性。人が何を行ってきたか、またこれから何を為そうとしているかが問われねばならない。

このような豊かな歴史的財産を認識するとき、日本人としての個性は、「連帯的自立性」であると言えよう。集団という全体のことを常に念頭に置き、つながりによって輝く個性です。連帯的自立性を精神的バックボーンの基本とした人・地域・国のビジョンづくりが急務です。

4．「教育県・岡山」を実質化しよう

（1）「教育県・岡山」と言われる理由

岡山県のホームページでは、岡山県を「人材育成先進県」として位置づけ、次のように解説しています。

「人材育成に大変熱心で全国的にも『教育県』といわれてきた。『日本教育史資料』によると、江戸時代の岡山県内の寺子屋数は長野県、山口県に次いで第3位（１０３１校）で、私塾は全国に１５０５カ所あり、岡山県は第1位（１４４カ所）であった。また、江戸期に岡山藩は現存する日本最初の庶民のための藩校『閑谷学校』を設置した。その後も教育の伝統は受け継がれ、明治26年の小学校への就学率は68％（全国平均58、7％）で、全国第3位であった。

女子教育分野にも特筆すべきものがあり、明治41年に高等女学校は全国に159校あったが、岡山県は全国で一番多かった(17校)。さらに、平成17年の大学・短大の設置数(人口10万人当たり)は全国第5位となっている。このようなデータからいえば、岡山県はまさに『人材育成先進県』といえる」

確かに、「人材育成先進県」あるいは「教育県」と言われるだけの歴史的な内容を持っているといえるでしょう。しかし、それはどの程度の強さで主張できるものであるかについては、少し寂しいものがあると言わざるをえません。一般の岡山県人もあまり強く思っていないでしょうし、ましてや他県の方々の認識は薄いのではないでしょうか。岡山を、真に「人材育成先進県」あるいは「教育県」と言うにふさわしい実質を創っていくことが重要です。

(2) 歴史上の教育者

岡山で生まれたり活躍したりして岡山にゆかりの深い主要な教育者を歴史的にクローズアップしてみよう。大教育者の偉業を受け継いで、今後どのように教育県として発展すべきかを考えたいと思います。

1) 法然

長承2年4月7日(1133年5月13日)-建暦2年1月25日(1212年2月29日)。美作国久米(現在の岡山県久米郡久米南町)の押領使、漆間《うるま》時国《ときくに》の子として生まれました。平安時代末期から鎌倉時代初期の日本の僧侶で、浄土宗の開祖。円光大師とも言われます。

法然上人が唱導している念仏の教えは、人々の間に瞬く間に広まっていきました。法然上人は弟子たちの誤った考えを戒めるため、7か条の禁制をつくり、主だった弟子88人を選んで連署させ、弟子たちが守るべき規範として、この起請文を真性座主に送りました。その内容は、次の7か条です。

①他宗の仏菩薩《ぼさつ》を非難しない事
②学解修行を異にする人と争論しない事
③相手の法門を嫌って嘲笑《ちょうしょう》しない事
④阿弥陀仏《あみだぶつ》の本願を頼む者は造悪を恐れる必要がないと説かない事
⑤無闇《むやみ》に争論を持ちかけ人々を迷わせない事
⑥正しい教えを知らないのに間違った教えで人々を教化しようとしない事
⑦自分の考えた間違った教えを師匠の説であると偽って称しない事

2）山田方谷

文化2年（1805）旧備中松山藩領（現在の高梁市）に生まれた。方谷が松隠塾に入門したのは5歳の時で、9歳になると、ますます才能をあらわし、塾中では神童と称せられたという。或《あ》る日のこと来客があって、「学問をしてどうするのだね」と聞いたところ、「治国平天下」と答えて客を驚かせたという逸話があります。その後、藩の教育担当の最高責任者である藩校有終館学頭となっています。2年後には家塾・牛麓舎を開いて、庶民教育に心血を注ぐ。33歳だった。当時、松山藩には教育施設というと、有終館と江戸学問所の2カ所だけだった。庶民教育の教諭所や武士を土着させた学問所、家塾や寺子屋も相次いで設立した。その数は75校にも上ったという。現在の東京大学にあたる昌平黌《しょうへいこう》にも多くの若者を遊学させています。『日本教育史資料』によると江戸末期の岡山県の家塾は全国第1位、寺子屋は3位だった。その中でも、松山藩の充実ぶりは際立っていたと言います。

3）緒方洪庵

洪庵は文化7年（1810）、岡山市足守に生まれ、蘭学を学び、医学を修めて、名医としての評判が高かった。開業のかたわら、私塾を開いたのが「適塾」です。洪庵が教えたのは、医学よりもむしろオランダ語であったようです。適塾での業績は非常に大きく、多くの人材が輩出したのです。洪庵の人柄は温厚で、次のようなエピソードがあります。福澤諭吉が適塾に入塾していた時に腸チフスを患ったが、洪庵が彼を手厚く看病し治癒したといいます。

洪庵が適塾で行った教育は自主性を重んじる個性教育であった（大西啓義、1996、79）。人間一人ひとりの資質や才能を最大限に発揮させた。松陰は精神性、洪庵は合理的科学性を重んじた教育を行ったようです。松陰が一言でいえば、燃える革命家といった政治集団をつくったのに対し、洪庵は技術集団を育てたといっていいでしょう。松下村塾では松陰の講義を塾生がマンツーマン的に受講したのに対し、適塾では勉学はあくまで学生の自主性に任しました。ただし、彼らがどうにもならなくなって、聞いてきたときやあるいは古参の塾生たちが、さらに学問の向上を望んで、講義を望んだときはすぐ出て行く、という方法をとっていたそうです。

4）石井十次

慶応元年（1865）－大正3年（1914）。日本で最初に孤児院を創設し、「児童福祉の父」と言われています。アリス・ペティ・アダムス、留岡幸助、山室軍平とともに「岡山四聖人」と称されています。彼が創設したものに、日本初の孤児院、岡山孤児院、大阪の愛染園託児所（現在も石井十次記念大阪愛染園として存続）、郷里の宮崎県の茶臼原孤児院などがあります。親がいないなどして家庭環境に恵まれない児童のための社会事業を行いました。食べさせるだけではなく、労働を通じて教育をすることが大切であるとの信念のもと、実に3000人を超す孤児救済に生涯を捧げたといいます。「社会に出て社会に貢献する活力ある人物を輩出せしむる」という、非常に積極的な教育観を持っていました。岡山にも宮崎県・茶臼原にも私立の小学校を作ったのは、その表れです。

Ⅵ・生涯〝楽習〟健康法

1. 健康的思考の意義

（1）「健康的思考」を求めて

健全な肉体と健全な魂は親類だ。かなり親密な関係だ。恋人関係以上かもしれない。暗い心、ストレスの集積。どう考えても健康的でない。明るい心、楽しい生活の集積。どう考えても健康的だ。実に簡単なことではないのか？

健康の源は、健康的思考です。「健康であらんと欲するならば、健康的な考え方をすればよい」ということになります。

それでは、「健康的思考」とは何でしょうか。

健康的思考＝ユーモア精神＋科学的精神＋英語的発想

健康的思考とは、ユーモア精神と科学的精神と英語的発想とを足したものです。この3つの精神は、かなり関連が深い。相互に関連し合って、相補的なものです。ユーモア精神は、科学的精神であり、英語的発想に通ずるものでもあります。物事を多角的に見ようとする柔軟性が共通しています。常識的な見方に、飽き足らないものを感じる欲張り精神でもあるのです。

何事も、見方を変えれば、面白い。違った光景が見えます。新たな光景が「生きている」実感を与えてくれます。「健康である」「生きている」という実感が持てて、嬉《うれ》しい。この「見方を変えて見る面白さ」が健康的思考の根幹だろう。

「見方を変えて見る面白さ」は、ユーモア精神・科学的精神・英語的発想の共通部だ。ユーモアは正に面白い。科学的精神の新たな創造的見方も面白い。日本的でない新たな英語的発想も面白い。みんな面白い。面白いから、人生が止められない。もっともっと面白いことは…と探索します。今日も新たな面白さに出会えた。その喜びが、明日の希望を生む。明日は明後日に連なります。今日・明日・明後日のチェインが人生。面白さで彩られた人生模様。健康であることを願うのではない。面白さで彩られた人生模様が健康を結実させているにすぎない。これからもずっと、そんな生き方がしたい。

〈課題（31）〉
「健康」とは、どういうことでしょうか。

世界保健機構（ＷＨＯ）によると、健康とは、「社会的・肉体的・精神的に良好な状態」（ＷＨＯ憲章前文より）を言います。

Health is a state of complete physical, mental and social well-being and not merely the absence of disease or infirmity.

また、『新選国語辞典』（小学館）の定義は、次の通りです。

「健康」―　①医学的な観点から見た、からだや精神の状態。また、それがよいこと。
　　　　　②体の調子がよく、精神的にも充実している様子。

一見、これらの定義で特に問題は無いようにも思えますが、かなり大きな問題点を含んでいます。これらの定義では、病気があったり、障害があったりしたら、それだけで健康とは言えない、ということになってしまいます。また逆に、肉体と精神に特に問題がなければ、それで健康ということになってしまいます。こういうことでいいのでしょうか。

ここでは、「健康」を次のように定義づけしたいと思います。

「健康」――「自分・他者・環境のつながりの中で、主体的に相互交流を持って前向きに生きることができる状態」

「健康な人」とは、多少の肉体的・精神的病気があろうとも、それを克服して、前向きに生きている人たちのことです。肉体的・精神的には全く問題はないのに、孤立していて、「生きている」とは言いにくい生き方の人が健康であるはずはありません。このように考えてくると、健康とは、他者・自然と共に生きる力を追求していることで、つながりを求めて共生してゆく「コミュニケーション能力」に係わる問題でもあるのです。

「健康」とほぼ同義で使われることばに「健全」があります。「健全な心身」では、「健康」と同義ですし、「健全な財政」では比喩《ひゆ》的に使われる場合です。いずれにしても、「健全」は、「健康な全体」であるということから来ていると思われます。


〈エピソード（3）〉　「麦魂に学ぶ」

少年・青年・熟年Kは、健康です。小さいときは、食いしん坊。近くのイチョウの木から銀杏（ギンナン）を山ほど取ってきた。火鉢で焼いてはお腹に直送。殻の付いたままで焼いて食べる。これが実に旨い。いくらでも食べられるから困ったことになった。食べすぎて、疫痢。母親に言わすと、「ちょっとの間、息をしなかった」。一瞬、死を体験したそうだ。それを境に、生まれ変わった。元気ピンピン。銀杏と一緒に悪いものは全部吐き出したのだろう。

その食いしん坊の少年Kも、今は、熟年。病気で休んだことはない。風邪さえもほとんど近づいてくれない。咳《せき》や鼻水で、何日間か困ったくらいのことはあっても、寝込んだことはない。病院は健康診断で行くぐらいで、縁がない。特に健康法らしきものもない。強いて言えば、できるだけ歩くようにしていることくらいだ。忙しくてスポーツをする暇もほとんどないので、もっぱらウオーキングだ。昼飯は、できるだけ遠くまで歩いて行く。駅のエスカレーターも無縁。階段を昇り降り。こんなにいい運動のチャンスを、自ら放棄することはない。

このようなウオーキング重視になったのにもきっかけがあった。もう20年以上前のこと。ある日、大学のキャンパスを歩いていて気づいた。目的地へ行くのに、無意識に考えていた。「どこをどのように歩いて行けば近道か」と。「いけない、もう老化現象が始まっている」。近道ならば、芝生を横切るのも平気。「これではいけない」と反省。それから、少し遠回りしよう！と心がけています。

歩いていると、いろいろなものにぶつかるのは、犬だけではない。歩いて知る人生もあります。少年時代の麦踏みで学んだ「麦魂」。学校から帰ると、百姓の跡取りとしては、もっぱら家の手伝い。子ども心に不思議だった。麦は歩いて踏んでやると、発奮して強く、大きくなるのです。踏まれて強くなる麦君達。君達は凄《すご》い！ 逆境を肥やしに育っています。ありがとう。君達に学ばせてもらった。「麦魂」を。遊びたい気持ちを、何とか抑えることができたのも、この精だ。麦と同じような生き方をしているのが、路傍の雑草だ。君達も凄い。踏み叩《たた》かれても。踏み叩かれても。なお発奮。歩いて進むスピードが好きになったのも、君達に学んだことのような気がします。スピードを上げれば上げるほど、見失うものも増えるでしょう。飛行機が極だ。雲しか見えない。スピードを下げれば下げるほど、見つけるものが増えてきます。自転車よりも歩きが一番。健康までも、同時に見つけることができるんだから。

(2)「心・食・運動・休養」のバランス

「ホリスティック医学・健康学」によると、「心・食・運動・休養」の比率は、「4：2：2：2」だそうです(「ホリスティック栄養学研究所」ホームページより)。心の面がいかに健康にとって大切であるかを示しています。健全な心・健全な食・適度な運動・適切な休養は、人間が健康であるための4つの柱であり、必要条件です。4つの要素が一つでも欠けたり大きな問題があったりすると健康は阻害されます。4つの要素のバランスと総合が健康を生むのです。まず「食」と「運動」が、肉体レベルの健康状態を決定的に左右することは明白です。しかしそれらは肉体レベルだけに限定されるものではなく、精神レベルにも少なからず影響を及ぼしています。次に「休養」も肉体レベルだけでなく、精神レベルに影響をもたらすことが分かります。もう1つの要因である「心」ですが、それは厳密に言うと人間の有する心的要因のことを意味しています。心的要因は、人間の「霊的レベル」「精神レベル」という2つの構成領域に存在し、この部分の健康状態を決定します。当然、心の健全さは、身体全体の健康状態を大きく左右することになります。

2．歳と共に増す「脳力」

学びは、基本的には、「知識・見識・胆識」の三位一体です。

＊「知識」：「知ること、認識・理解すること」

＊「見識」：「物事を深く見通し、本質をとらえる、すぐれた判断力。ある物事に対する確かな考えや意見、識見」

＊「胆識」：「胆力と見識。実行力を伴う見識

（「胆力」：「事にあたって、恐れたり、尻ごみしたりしない精神力。ものに動じない気力、きもったま。」

（『大辞泉』、小学館、１９９５）

知識だけでなく見識を持ち、いかなる困難にも敢然として断行してゆくような度胸と実行力を伴った知識・見識である「胆識」を持てるような学びが目指されねばならない。胆識を目指して年輪を重ね、常に成長していくライフスタイルを確立したいものです。

一般に、年齢と共に記憶力や脳力は低下していくと考えられています。それは本当でしょうか。最近の脳科学の研究成果によって、そうではないことが明らかにされつつあります。池谷裕二氏によると、「右脳は老化しない ― 脳は年齢と共に向上する」と言います。その概要は次の通りです（池谷裕二、２００１）。

脳の神経細胞は全部で約１０００億もあるので、一生減り続けても結局かなりの部分が残るので心配はない。不必要で脳にとってマイナスになるような細胞はどんどんリストラして効率化を図っています。しかも、モノを記憶するのは神経細胞ではなく、神経細胞が作っているネットワーク（シナプス）です。そのシナプスの数は、年を取るにつれて増えてゆく。大人の方が脳のネットワークが緻密《ちみつ》なので、方法記憶に長けてい

ます。機械的な知識記憶（丸暗記）は下がってもです。それではどうして、歳と共に記憶力や脳力は低下していくと感じることが多いのでしょうか。それは、熱意や集中力の欠如によって、あたかも記憶力が低下しているかのように感じてしまうのです。しかも、脳の性能の個人差はほとんどなく、脳をどのように使うかの違いが大きいと言います。ワインのように自己熟成し、使えば使うほど上質になっていくのが脳です。大切なのは、年齢を言い訳にしないで、「脳は年齢と共に向上する」と信じて努力することです。そうすれば、脳力は向上していくという希望を持って生きることができるのです。

人生に希望を持って楽しく生きる前向きな姿勢を持った「ユーモアを解する人」は若々しい。その人がいるだけでその場がパッと明るくなります。難しいと思っていたことも何となくできるような気になってくるから不思議です。これは人間の心理からきているのだ。人は、悲しいことや苦しいことは無意識にも忘れようとする性向があります。逆に、嬉しいことや楽しいことは心が弾んで物事を促進することが多い。面白くないことや辛いことは、無意識のうちにも忘れようとしているので、覚えようとしても頭に残りにくい。自分の記憶力を嘆く前に考えてみることがあるのです。英語の勉強も、とかく面白くない暗いイメージになりやすいので、記憶されないということになりやすい。英語学習を、できるだけ楽しく明るいイメージになるように努めることが大事なのだ。

A．ケスラーのことばを借りると、創造のプロセスがはっきり姿を現すのは、ユーモアとウィットです。一方、科学的な発見は、それ以前に誰も見ることがなかったアナロジー（類似点）を見つけることです。相互に関係がないと思われていたことの間に類似を見つけること、これが科学の発見です。ということになると、そうです。ユーモア精神と科学精神とのアナロジーを見つけることができます。ユーモア精神は科学の発見の方法に似ているのです。どちらも、２つの事柄の間に類似点を見つけてゆく創造的思考です。レベルは多少低くても、ジョークやシャレは科学者の魂に通じている、というわけだ。ジョークやシャレを、単なる息抜きとか、ことばのお遊びにすぎない、と過小評価してはいけない。そのように過小評価しかできない人は、自分はユーモア精神も科学精神もないと天下に証しを立てているも同然です。

3．生涯〝楽習〟健康法の具体的展開

(1)「健康のために英語を学ぶ」―明るい面を見る発想

例：①「肯定」と「否定」

②「がんばれ！」「ほめられたときの表現」の日英語比較

日本語は、日本語的な文化的特徴を背負っています。一方、英語はかなりの程度日本語とは異なった異文化を背負ったことばです。英語教材研究においては、ことば・文化・人間のつながりに基づき、日本語から考える「単眼思考」に、英語というもう一つの目を加えた「複眼思考」を重視するべきです。たとえば、「がんばれ！」を英語に直訳すると、'Do your best.' とか、'Try hard.' となります。ところが、英語では、普通そのような表現よりもむしろ、次のように言う。

① 'Come on!'（競技中の選手などに対して）

② 'Good luck (to you)!'（テストを受ける受験生などに対して）

③ 'Take it easy.'（一般的表現、「まあ、気楽にやりなさい」の意）

日本語は、「がんばれ」という固定的表現を用い、他の言い方はほとんどしない。他方、英語では場面に応じて多様な表現をします。「成功を祈る」気持ちで 'Good luck!'「肩の力を抜いて気楽にやれ！」という

平常心を強調する'Take it easy.'など多様です。英語的に「がんばろう、がんばろうと思いすぎないで、気楽な気持ちでやりなさい」と言った方が、実力を100%だせる近道かもしれない。

(2)「ユーモア精神」を磨こう

「ユーモア精神」とは、「どんなときにも別の視点からモノを見ることができる余裕」です。特に、悲しいとき、腹が立ったとき、苦しいときにも、明るい面を見ようとする意欲です。どんなことにも暗い面と明るい面の両面を内包しています。明るい面から見ていこうと努力することによって、人生は大きく転換していくことも可能なのです。

「ユーモア=笑い」ではなく、笑いはユーモアの一面にすぎない。明るい面を見ようとする心が脳味噌《のうみそ》を活性化させ、笑いを生むことも多い。ユーモア精神は、落ち着いた心の状態を引き起こし、柔軟で豊かな発想・アイディアを生む。

次の2つの例から考えてみよう(阿刀田高、2001、8-9)。

①「お父さん、おそば屋さんには動物が三匹いるんだね」
「うん?」

「キツネとタヌキと、それから?」

「あと大ザル」

(この例では、普通考えない視点から「大ザル(大猿)」につなげています。)

②「あのね、トシコは算数がきらいじゃないの」
「うん?」

「算数がトシコのこと、きらうの」

（これも視点の転換による発想と表現の面白さです。）


〈課題（32）〉

「笑いの力」の具体的な内容を考えてみよう。


笑いには次のような素晴らしい力があります（井上宏、２００４）。笑いは、心のなかにあるわだかまりや苦痛・悩みなど、ある種の「毒素」を浄化してくれます。笑ってすっきりしたというあの気分です。と同時に、笑いは凝り固まっていた考え方や価値観を相対化し、ちょっとずらし、それ自体を客観的に見ることを可能にします。つまり、笑いが心にゆとりをもたらしてくれるわけです。

笑いとストレス解消の関係について、同書では、次の実話が紹介されています。

58歳の食道がんの女性末期患者の話で、彼女は食道がんなので、食べ物はもちろんのどを通らず、点滴によって栄養をとっています。いつも「もう一度口から何か食べたい」が口癖になっています。ある日、柏木医師が「どうですか」とたずねます。


「あいかわらずです。一度でいいから何か食べたい」

「何が一番食べたいですか？」

「マグロのトロ」

「そう、マグロのトロが食べたいですか。つまらずにトロトロと入ればいいけどね」

「トロがトロトロと入れば本当にうれしいと思います。先生はおもしろいことをいわれますね」

患者はそう言ってニッコリしますが、それは入院以来初めて見せた笑いだった。患者は続けて、

「私もトロトロと一日中ねむっていないで、一つがんばって、トロでも食べてみましょうか」

と応じ、医師と患者が思わず笑ってしまう。その会話を傍らで聞いていた患者の主人が、

「私もトロい男ですが、トロぐらい買いに行けますから、これから買ってきます」

と言って、買いに行く。

夕方の診療で、柏木医師がその部屋を再び訪ねてみると、患者ははずんだ声で、

「先生、トロを二つも食べましたよ。ほんとにおいしかった。吐き気も全然ないですよ」

と言う。医師は不思議でならない。前日までは、水も通らなかったのにどうしてだろうか。どうしてそんな現象が起こったのか、生理学的な説明ができないわけですが、柏木医師は、医師と患者とのユーモア会話が患者の心をほぐしたのかもしれないと考えます。

＊ＮＫ（ナチュラルキラー）細胞の活性化

笑いはＮＫ（ナチュラルキラー）細胞を活性化し、健康増進に大きな役割をするようです。１９９２年（平成４）、大阪ミナミの演芸場で、ガンや心臓病の人を含む19人の方々に、漫才や新喜劇を見て大いに笑ってもらった後、免疫力がどうなるのかということを、岡山県の「すばるクリニック」の伊丹仁朗院長と大阪府の「元気で長生き研究所」所長の昇幹夫医師が共同で実験しました。実験は、たっぷり3時間大笑いしてもらい、その直前と直後に採血してリンパ球の活性（ガン細胞を攻撃するＮＫ細胞の元気度）を調べるというものでした（大阪府、２００６）。

健康な人の体内では、1日に３０００~５０００個のガン細胞が発生していますが、人が生まれつき持っている50億個のＮＫ細胞がこれを破壊しているおかげで、ガンにおかされずにすんでいるということです。

この働きがＮＫ活性と呼ばれていて、実験の結果、笑う前にＮＫ活性の数値が低かった人は、すべて正常範囲までアップし、高かった人の多くも正常近くの数値に下がるということが確認されました。

つまり、笑いには、ガンに対する抵抗力を高め、免疫機能を薬で活性化させるには一定の時間がかかるのに対し、笑いには、短時間で免疫系を正常化させる生理学的効果（即効性）があるということが実験結果として出されました。

こうした実験の結果から、伊丹先生は「免疫力（ガンに対する抵抗力）を強くしたいと思う人は、面白いことを考えて大いに笑ったり、面白いことがなくても、とりあえず表情だけでも笑顔を続ければよい」というヒントを引き出しました。

＊ＮＫ細胞を強くする方法　（伊丹仁朗、１９９９）

①　毎日７～８時間の睡眠をとること
②　心身両面のストレスと過労を避けること
③　心配・不安・悲しみなどを、なるべく短く乗り越えること
④　ゆううつ感が長く続くときには、早目に専門医に相談し回復を図ること
⑤　適度な運動を毎日、少なくとも週３回実行すること
⑥　自分が好きなことに打ち込むこと
⑦　体内のＮＫ細胞が、ガンを食いつぶすイメージトレーニングをすること
⑧　面白いことがなくても、いつも表情だけは笑顔を心がけること
⑨　面白い話を聞いたり、自分でも考えたり、話したりして楽しく笑うこと

＊ＮＫ細胞を元気づけたり免疫を向上させたりする方法　（昇幹夫、２００３）

① 心の底から楽しく笑うこと
② 悲しいときに、大粒の涙を流して泣くこと
③ 顔を見ただけで、声を聞いただけでホッとする人に悩みを聞いてもらうこと
④ 歌を歌ったり聴いたり好きなことをすること

＊笑顔で売り上げ世界一　（昇幹夫、２００３）

ケンタッキー・フライドチキンの店のうち、世界一の売り上げを北京の店があげた年がありました。世界の８０００店あまりのなかで、進出してわずか1年半の快挙でした。その秘訣《ひけつ》は、笑顔のサービスとのことです。

（3）「音楽」という楽しみ方

音楽を聴いて、楽しい気持ちになったり、気持ちが落ち着き豊かになるといった経験はだれにでもあるでしょう。音楽には不思議な力が秘められています。「音楽」は、まさに「音」を「楽」しむことです。音を楽しみ、人生を楽しく豊かにしていくことを重視したいと思います。

音楽を楽しむということを基本として、音楽の果たす役割は多大なものがあります。和合治（２００４）を参考にまとめると次のようになります。音楽は生活に潤いを与えてくれるだけではなく、健康維持にも役立つすばらしい効果をもっているのです。私たちは自分の意志とは無関係に作用して、身体の機能をコントロールする自律神経を備えています。自律神経が不快なストレスにさらされると、身体のいろいろな部位に影響が出てきます。自律神経を構成するのは、交感神経と副交感神経です。この二つはちょうどシーソーのような関係になっていて、交感神経が高まれば心身はアクティブな状態になり、副交感神経が優位になれば

心身はリラックスしてきます。このバランスがうまくとれていれば問題はありません。けれど、一方に傾くと自律神経も調和は崩れてきます。特に今日のストレス過剰社会では、交感神経が優位になり、アクセルを踏みっぱなしの状態になり、いろいろな障害が生じているのです。

現代人は、このように交感神経優位で生活しているために、血圧や心拍が上がったり、胃や消化管機能が低下したり、血管が収縮して血行が悪化し冷え性や乾燥肌になるなど、さまざまな障害が出ています。また、病原体やがんから身を守る免疫系の機能にも影響しています。

そこで、健康を維持するには、ストレスを軽減して、交感神経にブレーキをかける必要があります。つまり、副交感神経に効果的に作用する方法を見出し、交感神経とのバランスを正常に戻す必要があるのです。しかし、日常の生活スタイルを改めるのは容易ではありません。この意味で、現在の環境や習慣を大きく変えることなく、病気を予防できれば、それが一番いいのです。そのニーズに適しているのが、実は音楽療法なのです。

音楽療法とは音楽を聴くこと、歌うこと、あるいは演奏することによって人と人の間で心理的なコミュニケーションをはかり、心身の障害の回復、機能の維持改善などを目指すものです。そのニーズに応えてくれるのが、モーツァルトが作曲した数々の名曲です。モーツァルトの音楽には、人間の耳の構造上もっとも敏感に聴き取れる４０００ヘルツ前後の高周波数とゆらぎ、そして８０００ヘルツ以上の非常に高い倍音が豊富に含まれています。この特性をもつ音楽を単に聴くというだけで、交感神経にブレーキをかけることができるのです。つまり、このシンプルな方法で、副交感神経にスイッチが入るために、例えば、どなたでも唾《だ》液《えき》の分泌量が増えたり、手足の体温がすぐに上昇してくるのです。数ある音楽の中でも、特にモーツァルトのピアノ曲やバイオリン曲には、ストレス、過労、睡眠不足などで自律神経のバランスが崩れた現代人にとって、大きな健康効果をもつものがあることがわかってきたのです。

Ⅶ・「福寿社会」の創生に向けて

1. いのち・健康を紡ぐ

(1) 健康観

「健康」とは、前述したように、「自分・他者・環境のつながりの中で、主体的に相互交流を持って前向きに生きることができる状態」のことであり、生き方の問題です。健康に対する考え方は、時代と共に大きく変遷していることを歴史は物語っています。健康は、現在では、結局は自分で注意するしかない、という考え方が主流でしょう。このような考え方はどのような変遷を通して生起してきたのでしょうか。

日本人の間では、貝原益軒の『養生訓』以来、身体は自分のものではない(親から授かったもの)、したがってまた、健康も他人が決めるものだという考え方があったようです。貝原益軒は、寛永7年(1630)筑前(福岡県)黒田家の下級武士の家に生まれた。死の前年に出版された本書は、たんなる健康法を説いたものではなく、江戸時代の日本人の生き方が集大成された人生訓の書です。その冒頭部に基本テーマが述べられています。

「わが身、私の物にあらず」 (『養生訓』巻第一「総論」上)

「人の身は父母を本《もと》とし、天地を初とす。天地父母のめぐみをうけて生れ、又養はれたるわが身なれば、わが身、私の物にあらず。天地のみたまもの、父母の残せる身なれば、つつしんでよく養ひて、そこなひやぶらず、天年を長くたもつべし。」

私たちのからだは「私の物」ではない。天地父母から生まれ養われたもので、私のからだとはいえ、自分のものではない。天地父母の恵みを受けた「天地のみたまもの」なので、慎み深く養生しなければならない、と強調されています。自分の物として、勝手に自分で傷つけたり、いのちを絶つようなことをすることは許されない。このいのちへの畏敬《いけい》の念が『養生訓』の出発点となっています。自分のいのちも、自分の子どもすべて天地父母からの「授かりもの」で、一時預かっているものです。自己中心の生命観ではなく、自分を超えて他のすべてのいのちにつながった存在である、という世界観・生命観です。

（2）「死ぬ資格」を大切にしよう

〈課題（33）〉
「死」とは何かを考えてみよう。

「死」とは何であろうか。「脳死」を死と考えるかどうか、というような医学的な問題もあるが、主として人間学的に見て、死とは何かを考えてみよう。「生」は、基本的には本人の問題ではあるが、「共生」という考え方に表れているように、「共に生きる」という面があります。それに対して「死」の問題は、生とは異なる面がある。それは、より瞬間的な営みで、本人だけが実行できる一度だけの体験です。生は或《あ》る程度「生き直す」ことが可能ですが、「死に直す」ことはできない。それほど貴重なものであることを先ずは念頭に置いておかねばならない。これほど貴重な死を自分でどのように迎えるべきかを考え、自分に納得できる自分にふさわしい死に向かってどう生きるかが極めて重要な課題です。このように生と死の問題は一体的な課題であり、「死生学」としてどう打ち立てるかが希求されねばなりません。

モーツァルトは、「死は、生の本当の最終目標」と言ったという。これは、モーツァルトが31歳の春（1787年）、病状の悪化で死を前にした父に宛《あ》てた手紙の中の文言です。この意味するものは極めて大きい。

死は、生の最終目標であり、「生の完成」です。生きるために死ぬのであり、死ぬために生きるのです。自分にとって望ましい死をどう生きるかが課題となります。

＊「死ぬ資格」を重視しよう

一般には、「生きる資格」ということが問題にされます。人間として相応しい生き方を求めて、『生きる資格』を問い、自分にとっての生きる意義を明らかにすべく生きていくことは大切なことです。しかし、「死ぬ資格」をもっと問題にすべきです。

死は生の完成であり、最終ゴールであるという定義づけをするとき、自分にとって、今、生は十分完成段階を迎えているかという問いかけが必須です。厳しく言えば、生に完成はない。常に完成の途上にあるのが生です。生の完成を求めて生きるだけのことでしょう。しかし、生の完成としての死を今迎える資格があるかを適宜問う姿勢を持つことの意義は大きい。ましてや、他人の生を傷つけたり、死に追いやったりする資格は自分にはない。基本的には、死の資格は生を追求している本人にしか問う資格はないからです。死の資格を問うとき、自ずから生の資格が見えてくるのです。生の完成を求めて生きているのが自分であり、また人であるからです。

2．「完寿」を目指す「アンダンテ・ライフ」

＊「往寿」と「復寿」で生が完成する「完寿」

江戸時代の旅人が「行き」は東海道（木曾街道）、「帰り」は中山道を利用するなど、往路と復路を使い分けていました。今では、新幹線や飛行機での往復というように使い分けはしないのが普通となっています。東京箱根間往復大学駅伝競走、いわゆる「箱根駅伝」でも同じ道を往復します。

正月休みの楽しみの一つである東京箱根間往復大学駅伝競走、いわゆる「箱根駅伝」は、２００６年の大会で第82回となります。２日８時に大手町読売新聞東京本社前をスタートし、５区に分かれてタスキをつなぎ、箱根町芦ノ湖がゴールとなります。往路優勝は順天堂大学であった。復路は３日の８時に芦ノ湖をスタートして同じ道を、同じく５区に分かれてタスキをつなぎ、大手町読売新聞東京本社前がゴールです。復路優勝は法政大学で、総合優勝は亜細亜大学が初優勝の栄冠を手にし、駒沢大学の５連覇を阻んだ。２日間の長丁場で、往路・復路の合計は２１７・９㎞にもなり、いろいろなドラマがあって実に感動的であった。

箱根駅伝のように、人生は往路と復路から成ります。往路は60歳の還暦をもって折り返し点を迎える「往寿」であり、復路は同じ60歳から成るもので「復寿」となります。「往寿」と「復寿」で生が完成し、１２０歳をもって「完寿」となるのです。

多くの人は「百寿」を目指していますが、ある意味では、「完寿」からみれば百寿は生の完走ではなく、途中棄権となります。人は、60歳を過ぎたら、１２０歳の生の完走を目指して少しゆっくり目の「アンダンテ・ライフ」を過ごすように努めるべきです。

「死は生の完成であり、ゴールです」生が完成することによって死を迎えることができます。死は生の否定ではなく、「生の肯定」の終点です。肯定的生を走って完走することによって死が訪れるものです。

医学は、いわば「病気を治す」ことが中心です。その意味では、「老化」という病気を治す「アンチエイジング医学」の果たす役割は大きい。しかし、あくまで病気を治すことが精々なので、医学だけでは不十分です。健康な心身を生み出し、福寿生活を創る新しい学問が希求されるべきです。

＊「アンダンテ・ライフ」

「アンダンテ」－andante（伊）。歩くようなテンポでの演奏を指す速度用語。ほどよくゆっくりと歩くようにアレグレットとアダージョの中間の速さ。

＊2006年の箱根駅伝の復路の8区でのハプニング

トップを走っていた順天堂大学の難波選手が脱水症状でフラフラ。それでも渾身《こんしん》の力を振り絞って何とかタスキリレー。寒さの中で練習を積んできた選手が、急に気温が上がった条件の中ではよくあることという。一人での走りであれば、ずっと前に断念していただろう。この「タスキ」がふらふらしながらも完走させたのだ。タスキをかけて走ると不思議に皆の力がつながって、一人で走っていて一人ではない「つながり」を感じるものだという。もう一つの力は、監督です。ふらふらの選手に何度も併走して水を飲ませたり励ましたりの支援。この監督支援力も大きい。

人生も「駅伝」に譬《たと》えることができます。一人ひとりが「タスキ」というつながりで歩み、他者の支援を得て共走することができるとき、大きな生を生むのです。

〈課題（34）〉
「健康の秘訣」を考え、健老者に学ぼう。

日本の100歳以上の人は、1万7934人（厚生労働省発表、平成14年）で、1年間に約2500人前後増えているとのこと。これは、すごい数です。因みに、そのうち8割が女性です（高橋ますみ、2003）。百寿老訪問調査（萩原隆二、健康・体力作り事業団研究員、2000人対象、平成11年）が、100歳以上の方の共通点を挙げています。

（ア）三食きちんと食べ（9割）、豆、野菜、海草、乳製品、果物をバランスよく取っている

（イ）適度な体操、散歩、9時間以上の睡眠

（ウ）自分がよい状態だと満足し、精神的に安定している

また、国民健康保険中央会では、全国320余りの市町村から、保健師が高齢者を一人ずつ選んで聞き取りをしています。

① 若いときから、1日3回規則正しくよく噛《か》み、誰《だれ》かと何でもない会話をしながら食事をしている

② 野菜、果物、カルシウム、マグネシウム、それに水分をよく取り、塩気の多いものは避けている

③ 若いころから、酒、タバコはあまり嗜《たしな》まない

④ 歩く、ゲートボール、体操、ゴルフおよび地域活動、趣味など、自分の可能性を充分に発揮している

⑤ 就眠、起床時間が、ほとんど決まっている

やはり私たちは、意識的に生活習慣を改善し持続すれば、寿命を延ばせることを教えてくれています。それに加えて、男性が家事参加をし、マメに動くようにすることが長生きのコツであると、スウェーデンの研究者たちが指摘しています。

3．「生涯スポーツ」で生き生きと

(1)「体性」を中心に「肚（ハラ）で生きる」

「知性・感性・体性」の三位一体が基本です。その中でも、「体性」が中心的です、知性や感性を担う脳もからだの一部ですし、体の基礎の無い知性・感性はありえません。

「ハラを据える」「ハラを養う」といったことばに象徴される、日本人が古くから（無意識のうちに）大切にしてきた生き方です。武道はハラを中心にしていて、独特の身体観があります。基本的に脳を中心にしてはいない。人の身体感覚とより深く結びついた形で、ひとつの世界観、人間観を形成させてきたわけです。武道の世界では、重心のことをハラ（肚）と呼んできました。脳ではなく、ハラにこそ意識の根源があると言っているわけです。人の意識は、肉体上の中心であるハラに起点を置くことによって初めて一つに統合され、全体がひとつの身体として機能しはじめるのです。武道における鍛錬の意味とは、試合での勝利や技術の習得以上に、そこにあったと言ってもいいのです（村崎那男、２００２）。

人の意識の根源とも言うべき「直観」（決断力）の役割を担っているのが肚（ハラ）で、感じることのもとは、頭（脳）ではなく、ハラ（仙骨）にあるというわけです。

(2) 日常生活における運動の意義

運動、それは健康の最大の秘訣《ひけつ》の一つです。運動によってエネルギー消費が高まるばかりでなく、たんぱく質、ビタミン、無機質、水分の要求量も増大し、体内代謝が活発になるなど、健康づくりの効果が期待できるからです。運動・スポーツの役割をまとめると、次のようになります。

① 身体諸器官の発育・発達を促し、運動機能を向上させて身体の健康を維持・増進させる

② フェア・プレイや礼儀作法・協調性などの精神を育成したり、意欲や集中力、積極性や自信、忍耐力状況判断力などの精神力の増強に役立つ

③ 社会的にはコミュニケーションの機会を与えることから、人間関係を広げたり、なめらかな対人関係を結ぶ態度を養うことができる

④ 生涯スポーツへの動機づけとなり、生涯にわたって身体からの健康づくりに寄与する

日常の生活において、運動を積極的に行ったり、生活活動を活発にすることによって、種種の臓器組織が働き、それに見合ったエネルギー消費も高まり、栄養素の体内代謝が活発になる結果、生理機能は活発になり、運動不足病といわれる肥満、動脈硬化症、自律神経不安定症候群、腰痛症、虚血性心疾患の予防にも役立つことになると言われています。また、運動は体の予備力を増加させ、体の環境変化などに対する適応力や抵抗力を高めるとともに、積極的な健康体をつくり、老化現象を遅らせたり、生活習慣病予防などライフスタイルの改善に役立つものです（細谷憲政、他、２００２）。

スポーツには、大別して勝敗を競うことを主眼とした「競技スポーツ」と勝敗よりも人間関係を重視した遊戯的な「レジャー・スポーツ」とがあります。ここでは、後者を中心にした「生涯スポーツ」に重点を置いています。一般に、スポーツは、人生をより豊かにし、充実したものとするとともに、人間の身体的・精神的な欲求にこたえる世界共通の人類の文化の一つです。心身の両面に影響を与える文化としてのスポーツは、明るく豊かで活力に満ちた社会の形成や個々人の心身の健全な発達に必要不可欠なものであり、人々が生涯にわたってスポーツに親しむことは、極めて大きな意義を有しています。

（3）「歩こう・連（つな）ごう・旧山陽道」

歴史の流れの中で、岡山県内の山陽道のルートは、古代から近世の間に4〜5回の変遷を重ね、変遷の最後の道は江戸時代の道です。戦国大名宇喜多直家・秀家父子の功によって、山陽道は岡山城下を通って奉還町へと抜ける道に変更されました。「三石－片上－藤井－岡山－板倉－河辺－矢掛－七日市－高屋」の約１００㎞の行程が、江戸時代の山陽道です。現在は、「旧山陽道」と呼んでいます。

「旧山陽道を歩く会」の趣旨は、次の4点です。

① 地域の歴史を学びながら、郷土を歩こう。

② 健康に注意し、気楽に、楽しみながら、歩こう。

③ 地域の道、自然、歴史に学び、地域、人を連（つな）ごう。

④ 歩く我々住民は、基本として自己責任で、歩くこと。

「旧山陽道を歩く会」の第1回が、２００6年5月14日（日）に開催された。「奉還町－三門－万成－矢坂－一宮」の約7・6㎞を約１８０名の参加を得て、歴史を学びながらの楽しい会となった。旧山陽道沿いの名所・史跡ガイドとして歴史家の高原忠敏氏が受け持たれた。たとえば、明治4年（１８７１）の廃藩置県の後、一部の士族が家禄《かろく》奉還金を元手に、萬町を西に出た西国街道沿いに商店街を形成し、はじめは新町と呼ばれていたが、後に奉還町と通称されるようになったことなど、分かりやすい説明を聞きながらのウオーキングでした。吉備津神社に到着して昼食後、「吉備津もちつき保存会」による餅《もち》つき実演と餅試食で盛り上がった。最後に、「歩こう・連（つな）ごう・旧山陽道」の趣旨に基づいて、タスキの手渡し式を行い、次回の「吉備津神社－国分寺－清音」ルートへとつなぐことが確認されました。そして、第2回は、10月29日（日）に、吉備津神社からＪＲ清音駅までの約14㎞を歩き、次の第3回「真備－矢掛」ルート（２００７

年5月20日実施予定）にタスキをつないだ。途中の国分寺では、地元の方々の厚意によって、「５００人分の豚汁」が清音では「２００人分のおしるこ」が参加者に振る舞われ、地域とのつながりを味わうことができて感激でした。

4．食農教育を考える

（1）「身土不二」の精神

「身土不二」とは、「人と土は一体である」「人の命と健康は食べもので支えられ、食べものは土が育てる」「人の命と健康はその土と共にある」という意味です。明治30年代（１９８９〜１９０６年）に石塚左玄らが起こした「食養道運動」のスローガンとして使われたのが最初のようです。（山下惣一、１９９８）。

人の身体と健康を支える基盤となるものは、食べるという食料補給です。食べものが命を支えています。食べものは命、逆にいうと、命とは食べもののことでもあります。土が育てる食べものを食べて命をつないでいます。食べものに問題があると、命にも悪影響を及ぼすことになります。

本物のように見えるが本物ではない食品、つまり、「コピー食品」「うそつき食品」が身のまわりにあふれてきています。防腐剤、添加物がそれを可能にしたのです。たとえば「いかリング」、これはイカとはまったく別の食品だそうです。

10年ほど前に岩手県盛岡市で市民グループ「身土不二いわて」の会が発足しました。生産者、消費者、医師、僧侶《そうりょ》など95人がメンバーとなって可能なかぎりの地域自給をめざしています。おそらく「身土不二」を冠した市民グループとしては全国初でしょう。有機農法や自然農法といった枠を超えて「身土不二」で網羅結集したところが画期的です。

（2）美食・飽食から健康的食生活へ

戦後の食生活の歴史を通観してみると、次の3つの時代に区分できます。
①　戦後まもなくの「生きるために食べる」時代
②　経済成長期における「美食・飽食」の時代
③　その反省に基づいた「よりよく生きるために食べる」時代
現在は、第3番目の時代にさしかかっています。60代以上の人は、この3時代をすべて体験しているわけです。この3時代体験者が中心になって、「よりよく生きるために食べる」時代を創っていくことが必要です。生活習慣病の問題は、今や高齢者だけの問題ではなく、程度の多少こそあれ全ての世代の人たちの問題となっています。子どもの5人に1人は糖尿病予備軍だと言われるほどなのです。

1980年代の初めに農林水産省は、「日本型食生活」を日本人の食生活の将来像として強力に打ち出し、定着を図ってきました。日本の従来の食生活を欧米諸国と比較して、特に脂質摂取量が少なく栄養的にバランスのとれた点を「健康的で豊かな食生活」であると評価したからです。

ところが、21世紀の今日をみると、〝美食・飽食の時代〟といわれ、日本人の食料消費は、米の消費が減少した代わりに畜産物、油脂類が増加し、量的に拡大し続けているようです。こうした食料消費の変化は、日本人の食生活が急速に欧米化・近代化した「欧米型食生活」によってもたらされたものです。

他方、国内の食料自給率は一貫して低下しています。1960年度の日本の食料自給率は、カロリーベースで79％、穀物自給率は82％でした。ところが、2000年度になると、カロリーベースの供給熱量自給率では40％、穀物自給率は28％にまで減少しました（農林水産省「食料需給表」）。農産物の輸入は長期的な円高の影響、自由化圧力等を背景に１９８０年以降も増加し、日本は世界最大の農産物純輸入国となっています。先進工業諸国のなかでも最低レベルの穀物自給率を前提とした食生活は、はたして「わが国の風土に適した基本食料を中心とした日本型食生活」といえるのでしょうか。

〈課題（35）〉
次の数字は何を表しているでしょうか。
「天ぷらうどん14％、焼きそば15％、ハンバーグ&ライス48％、和定食（朝食）56％、カレーライス62％」

（答）メニュー別のカロリー自給率です。日本人の食べ物である天ぷらうどんは、うどん粉も天ぷら粉そしてエビもてんぷら油もほとんど輸入されたものです。ネギとお汁ぐらいが国産かといえば、お汁のしょうゆの原料である大豆は、97％が輸入で国産はわずか３％です。だから、みそ汁やお豆腐など大豆を原料としている日本人の食べ物は、外国製なのです（桝潟俊子・松村和則、２００２）。

食料全体のカロリー自給率は１９６５年（昭和40）73％から１９９８（平成10）年40％にまで急落しています。この数値は、アフリカの飢餓が発生している国々の自給率とほぼ同じです。しかし、現在の日本は世界一の飽食の国です。なぜならば、日本は世界一の農産物の輸入国だからです。農産物の輸入額も１９６０（昭和35）年の６０００億円から１９９８年（平成10）の４兆６０００億円に急増し、この40年間に７・５倍に増加しています。この農産物の輸入額は、世界一です。すなわち、世界の農産物輸入額の９・５％を日本一国で占めています。大豆やトウモロコシは全世界の貿易量の15～25％を日本が輸入しています。世界中から食べ物を集めまくっているのが、飽食の国日本なのです。

（3）食育の重要性

「食育基本法」（平成17年6月施行）の第1条（目的）は、

「近年における国民の食生活をめぐる環境の変化に伴い、国民が生涯にわたって健全な心身を培い、豊かな人間性をはぐくむための食育を推進することが緊要な課題となっていることにかんがみ、食育に関し、基本理念を定め、及び国、地方公共団体等の責務を明らかにするとともに、食育に関する施策の基本となる事項を定めることにより、食育に関する施策を総合的かつ計画的に推進し、もって現在及び将来にわたる健康で文化的な国民の生活と豊かで活力ある社会の実現に寄与することを目的とする。」とうたっています。

しかし、現実はどうでしょうか。最近の傾向として、即物的で、物は物としか捉えることができない子どもが増えているといいます。少し極端な例としては、魚は「切り身」で海を泳いでいると思っている子どもさえもいるようです。パンはパン屋さんで見るパンにすぎず、パンがどのように作られて、どのように自分たちのもとへ届くのか、などを考えることはないようです。フランスのルソーは、エミールという本の中で、自分の食卓に並べられている食べ物が、どれくらいの人のどのような手を通って並んでいるのかを理解することが、民主的な主権者を育てるための基礎的な教育課程であるとしています。体、感覚、感性の教育が大切で、おなかがすいたら「おなかがすいた」と口に出せるように、自分の体の感覚に敏感でなければならないとしています。これに共感したペスタロッチーも、「パンがどこから来るかも知らないことこそ、現代教育の欠陥の中心点である」としています。

食は人間の生存の基礎・基本であり、最も重視すべき課題です。しかし現実には軽視され、問題は深刻化するばかりです。現在の日本の食と農の問題は、非常に複雑で矛盾した性格を持っています。食は生きる力の根源的必須要件であり、それぞれの民族文化を反映した生活基盤ですが、大変危険な状況にあることを認識しなければなりません。

このような食に関する基本的な主要問題を整理すると次の通りとなります（桝潟俊子・松村和則、２００２）。

① 世界一の農水産物の輸入を行っている世界一食べ物の少ない国なのに、大量の食べ物を棄てていること

世界一食べ物の少ない国日本が、休耕田（耕作放棄地）が多く、世界一食べ物を捨てている国でもあるのです。年間２０００万トンと言います。それは一人当たり1日５００gとして、毎日３００万食分捨てている計算になるそうです。２０００万トンの食料があれば、数百万人単位の飢餓者が救われるといわれています。しかし政府も食料自給率の低下に危機感をもちながら、減反政策を維持しつづけています。

② 輸入食材を多く用いるファーストフードや簡便食に依存し、飽食状態に陥っていること

最近は、「食」の安全について消費者の関心が非常に高くなっており、新鮮で安全な、安心できる農産物が求められています。地産地消運動は、地域でとれた新鮮で安全・安心できる農産物を通じて、作る人、流通する人、加工する人、販売する人、消費する人などが連携し、お互いの顔が見える関係を築いていく取り組みです。

③ 自然回帰や環境保全に関する関心が高まりながら、農業や農村生活からの離脱者が多く、新たに農業に従事する人は極めて少ないこと

総人口のうち、農家人口は１９６０年には３４４１万人で総人口の36・５％を占めていたが、１９９９年には１１０１万人と８・７％まで減少している。当然農業就業人口も、１１９６万人（26・８％）から１９９９年にはわずか３００万人（４・６％）にまで激減しているのです。しかも、そのうち65歳以上の割合が１９９９年には46・２％と半数近くまで増えました。日本の農業は、農作業に携わる人が激減するという根源的危機に直面しているのです。当然、農村の過疎化や高齢化も進んでおり、集落社会の維持だけでなく農地・森林保全や環境保護にも支障が出はじめています。

④　わが国の食文化の伝統に基づく「一家団欒」が失われ、家族の絆《きずな》が失われつつあること

世界各国から食糧を輸入し、食べ物の旬や季節感を見失い、地元の農業の存在を忘れ、新鮮な食べ物の味覚や風味、地域の風土にはぐくまれた伝統的な食文化がかなり失われてきています。食を通してのコミュニケーションが希薄になってきています。

⑤　食への意識が安く手っ取り早い食に走り、価格破壊を生み出し、食の安全・安心などの価値観が失われつつあること

食への価値観が安さと手っ取り早さに偏重して、地産地消などの食文化は失われつつあります。たとえば、魚の日本産シャケが今存亡の危機にあるようです。世界一おいしく安全な日本産が価格破壊で倒産業者も出ています。安いチリ産のシャケは抗生物質を使って、シャケ弁２７４円のものまで出てきています。安ければいいと考え、モノの価値観が見失われつつあります。

食育基本法では、食育を生きる上での基本とし、知育、徳育及び体育の基礎となるべきものと位置づけています。しかし、実際には、あまりに身近の問題すぎて、食の大切さを意識しないでいて、結果的には軽視することになっています。食の大切さに目覚め、自ら「食」のあり方および文化としての食の

進め方を真剣に検討していかねばなりません。

地域でのつぎのような取り組み事例を参考にしたいものです。

1）香川県綾南町立滝宮小学校では、年5回、5、6年生を対象に献立、調理等のすべてを子どもだけでする「弁当の日」を設けています。このほか、家庭科では、家庭や地域に古くから伝わる料理を子どもが調べ学習を行い、一人一人が調理実習する等の取り組みを実施するなど「食」を核にした「生きる力」づくりが実践されています。

2）福井県小浜市は「食のまちづくり」の取り組みを進めています。同市は、奈良時代から朝廷に食材を供給した「御食国（みけつくに）」の歴史と山海の食に恵まれた自然を背景に01年、食のまちづくり条例を制定しました。掲げるのは「生涯食育」です。市が開く無料の料理教室は2～3歳児向け「ベビー・キッチン」。5～6歳の園児向け「キッズ編」、小学生向け「ジュニア編」と続く。五感・五味を育み、作る喜びを体験的に学ぶなど、食を中心にしたまちづくりを展開しています。

（4）農のあり方を考えよう

日本は、「瑞穂《みずほ》の国」（みずみずしい稲の穂がたわわに実る美しい国）と言われる「農業最適国」です。温帯多雨国で、平均1800ミリ/年ですが、岡山は1000～1200ミリ/年です。世界の陸地は970ミリ。特に、植物が最も旺盛に生育する春から夏にかけて雨が多く、このことは植物の持つ物質生産力を高めることに大きく役立っています。

「万物は土から生まれ、土にかえる」のです。農業はまさに土からモノを生み出すシステムそのものです。つまり、農業のもととなる植物は、土を基盤にして、太陽のエネルギーの力を借りて、水と二酸化炭素という無生物から、炭水化物という有機物を作り出します。そして、これこそがすべての生命の源となるものです。水田について見ると、全ダムの水量（51億トン）の3倍もの水量を蓄えているのが水田です。

野菜の栄養分が激減していると言います。同じ土地に作物を植え続ける輪作や化学肥料などによって、土地がやせて、野菜自体がもつ栄養分が低下しています。さらにハウス栽培によっても、野菜や果物の栄養分が低下しているのです。たとえば、ほうれん草やキャベツなどの「葉物」の野菜に含まれているビタミンCは、のきなみ40年前の約半分に減っているといわれています。ほうれん草にいたっては、約10分の1に減少しているとの北海道中央農業試験場からの報告もあるほどです。

「百姓」は、「理想的人間像〝トータル・マン〟」です（進士五十八、2004）。百姓は一般には農民であると考えられていて、ときには差別的に使われることさえあります。しかし、語源からすると、「多様な能力を備えた理想的人間像」です。「百」はたくさん、「姓」は苗字、職業、能力の意です。つまり、「百姓」とは、たくさんの能力を持っていないとできない仕事、またそれを行う人のことであり、いわば人間が親から授かったすべての能力を発揮して生きる理想的な生き方を示していると考えられます。

日本本来の魅力、それはそれぞれの地域にあるのです。その土地を知り尽くした「百姓」の知恵と技でつくられてきた原風景にこそ、日本本来の魅力が隠されているのです。それぞれの地域には地域らしさが必ずあります。その「百姓」の視点に基づいて、その地域らしさを活かし、育てることが必要です。

〈課題（36）〉
有機無農薬農法を展開する「百楽塾」の実践を通して農と食のあり方を学ぼう。

岡山大学名誉教授で園芸学・農学が専門の景山詳弘先生が、岡山市田原の地に新たに「百楽塾」を２００６年７月30日に開講されました。耕作放棄地の解消を目指して「団塊世代パワー」を活用し、農村の美しい景観と人のつながりを取り戻したいという願いが込められています。

塾生は総勢18名で、そのうち９名が「連塾」の塾生です。開講前から参加して準備を進めてきました。６月には、昔ながらの綱を張って手で植える田植えをして、有機無農薬農法が始まった。堆肥《たいひ》も手作りで、刈った草や糠《ぬか》で作った堆肥で土作りから始め、酢やタカノツメなどで作った自家製の「農薬」で、虫を殺すのではなく、「近づかないで」と避けてもらうのです。景山先生の基本的な考え方は、美しい田園風景を取り戻したい、自宅の食糧自給率を80％以上にしたい、健康的でおいしい野菜や果物を食べたい、というものです。具体的には次のような考え方に基づいています。

・日本は「農業最適国」、岡山は農業最適県です。

—温帯多雨国で、平均１８００ミリ/年。岡山は１０００～１２００ミリ。世界の陸地は９７０ミリ。特に、植物が最も旺盛《おうせい》に生育する春から夏にかけて雨が多く、このことは植物の持つ物質生産力を高めることに大きく役立っています。土も微酸性で農業に適しています。

・「瑞穂の国」—みずみずしい稲の穂がたわわに実る美しい国

・「万物は土から生まれ、土にかえる」

—農業はまさに土からものを生み出すシステムそのものです。つまり、農業のもととなる植物は、土を基盤にして、太陽のエネルギーの力を借りて、水と二酸化炭素という無生物から、炭水化物という有機物を作り出します。そして、これこそがすべての生命の源となるものです。

・全ダムの水量（51億トン）の３倍もの水量を蓄えているのが水田。

・「身土不二」―身と土は二つではない。分けられない。自分の身を守る土地で自分が食べる。
・日本の食糧自給率は、カロリーベースで38%、穀物自給率は約28%にすぎない。そのうち、家畜の飼料としての消費が大きい。
・雑草に溢《あふ》れて景観も損ねている休耕田ならぬ「耕作放棄田」が多い。皆で一緒に地域の活力を上げていく材料になるのが休耕田（耕作放棄田）。
・人間以外で自然破壊するものはない。人間が一番遅く出てきたが、最も威張って、やりたい放題をしています。しかし、自然から食糧を得ている人間の存在そのものが罪で、自然生態系と「折り合い」をつけてゆかねばなりません。

〈課題（37）〉
「里山創生」を推進しよう。

「里山」、それは、人里に接した山、人間との温かい交流のある山のことです。日本の多くの里山は、40年前ほどから、急に人がいなくなりました。その結果、草木が乱雑にしげった「やぶ」になり、場所によってはゴミ捨て場。昔は、子どもの遊び場、地域に住んでいる人たちのいこいの場だったのに、今は誰もよりつかなくなっています。

高度成長期以降の急速な工業化は、都市（消費者）と農村（生産者）を分断し、農村から工業生産を支える労働力として農村人口が都市に流出しました。その結果、食と農は荒廃し、農村は過疎と高齢化に悩んでいます。経済・利便性優先のライフスタイルが支配的な現代社会においては、農林業の担い手の不足に加えて宅地開発、ゴルフ場造成などにより里山の自然環境は悪化の一途を辿《たど》っています。里山の自然環境は大人にとっても子どもにとっても、また生き物にとっても大切です。荒廃している里山を保全し新たに人と自然のハーモニーとしての里山を創生することが喫緊の課題です。

今いろいろな所でいろいろな里山創生活動が展開されています（ＮＨＫ［新環境］プロジェクト、２００４）。それらを参考にしながら、私たちの身近な里山を生き返らせる活動を展開したいものです。

①「緑よみがえれ、足尾の山」（栃木県・足尾町）

明治中期に足尾鉱毒事件が起こった栃木県足尾町には、長期間の亜硫酸ガスによる汚染の影響で、現在も草木の育たないハゲ山が広がっています。山に緑を取り戻そうと、市民団体が、参加者に土や苗木を自前で持ち寄り植え付けてもらう運動を行っており、植樹の成果がうかがえるようになってきた。

②「キノコ栽培で里山再生」（広島県・福山市神辺町）

広島県福山市神辺町では、ボランティア団体が荒れた里山を保護する活動に取り組んでいます。きのこ栽培で活動資金をつくり出しながら、間伐をしてかつての自然をよみがえらせようという狙《ねら》いである。

5.「福寿社会創生」へのアプローチ

琉球大学長寿科学研究プロジェクトは、「福寿の島―Gerontopia OKINAWAの建設に向けて」と題して、「長寿」から「福寿」への転換を目指しています。ジェロントトロジー（Gerontology 老年学）とユートピア（Utopia理想郷）の合成語です。「高齢になっても元気で生き甲斐《がい》のある生活が楽しめる」ことを描いた言葉です。また福寿とは自立した「健康長寿」だけでなく、生き甲斐、充実感、幸福感を含むより質の高い長寿を表現する言葉です。

琉球大学長寿科学研究プロジェクトにおいては、福寿の達成要因として、次の5要因を重視し、福寿の成立条件として設定しています。

①　人間の生物学的要因
②　環境要因
③　個人のライフスタイル
④　保健・医療・福祉制度
⑤　精神風土

例

（1）「桃太郎鍋」―地産地消と食育を中心とした福寿社会創生

キビ（黍）は、イネ科の一年草の穀物で、五穀の一つとされます。五穀は、人が常食とする五種の穀物、「米」「麦」「粟《あわ》」「黍」「豆（大豆・小豆）」です。キビの原産地はインドで、日本には7世紀に伝来したようです。産地は吉備高原と備中西南部でしたが、昭和40年ごろからは、あまり栽培しなくなっているそうだ。実をそのまま炊いて粥《かゆ》にして食用にしたり、粉にして餅《もち》や団子などに

福寿の成立条件

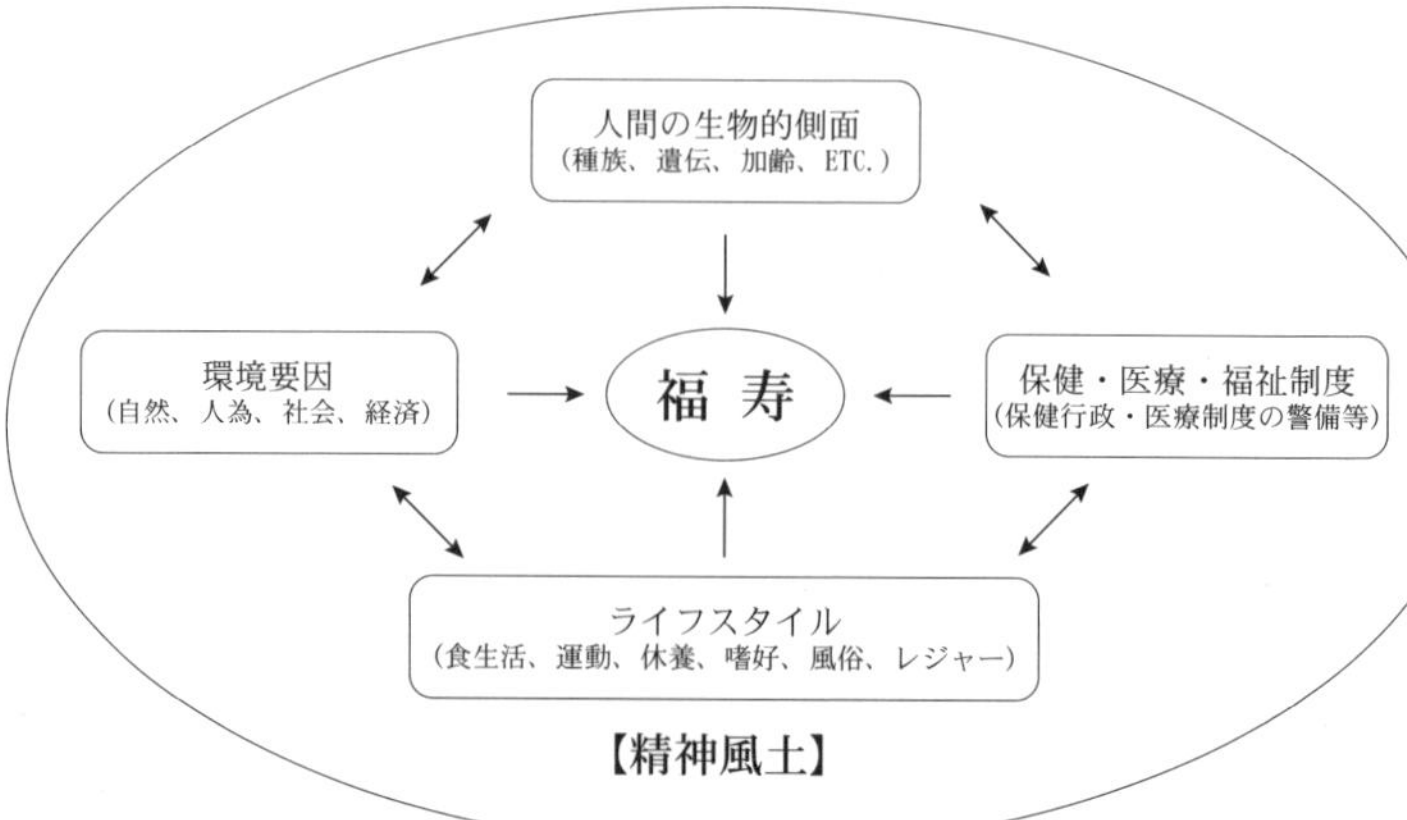

したりします。主産地は、長野県、岩手県、富山県、岡山県などです。4月の春蒔《ま》きのものは7月末～8月のお盆頃《ごろ》収穫され、6月に種を蒔いたものは、9月末～10月上旬収穫されます。効能としては、脾臓《ひぞう》や胃の働きを助ける作用があるとされています。

吉備団子の歴史を紐《ひも》解いてみると、米どころ岡山は、吉備の国といわれるように、もともと野生の良質な黍の産地でもあり、人々は団子や黍酒をつくり、お祭りには神前にも供えていたということです。「吉備団子」は元々は「黍団子」で、その名の通り黍粉を原料としていました。吉備の名産とされるようになってから吉備団子と書かれるようになったようです。

吉備津神社では江戸時代から、「直会《なおらい》」で吉備団子を地域の人々と食べる習慣があったということです。直会とは、神事の後、御神酒《おみき》やお供え物をおろして参拝者に分け与えることです。それが広まり、門前町・宮内の茶店で名物になったといわれ、黍は庶民の日常食でした。

この黍団子を、桃太郎の昔話で有名な「吉備団子」と結びつけて菓子として安政3年（1856）に初めて売り出したのが武田浅次郎です。浅次郎は、池田藩の筆頭家老で茶人の伊木三猿斎の指導を受け、黍団子を茶席にも向くように求肥《ぎゅうひ》菓子に改良、明治時代になり山陽電鉄の開通に伴い岡山駅での立ち売りを始めたが思うように売れませんでした。

日清戦争の勃発《ぼっぱつ》に伴い、帰還する凱旋《がいせん》兵の郷里への土産物として自ら桃太郎の装束で宣伝したところ大ヒット、吉備団子は兵士によって全国各地に持ち帰られ、その名は一躍有名となったということです。また、四道将軍吉備津彦命が鬼が島に行った桃太郎だとする説が岡山の桃太郎伝説としてあり、吉備団子と深いつながりを持っています。

キビには、もちキビとただキビ（うるち）の別があります。もちキビでは、キビもち、キビだんご、キビおこわ、キビぼたもちなどにされます。ただキビでは、キビ飯、キビの炊き込みご飯、キビの芋飯などのほか、ごくまれには、キビがゆを作ることがあった。いずれも少量の米とか小豆、ササゲ、大豆などを入れます。

モロコシ、トウキビ、モロコシキビ、コウリャンなどと呼ばれているものと同じで、現在は新見市草間や土橋などで栽培されています。タカキビもちやタカキビだんご、かしわもち、タカキビおこわなどを作ります。もちにつくときは、タカキビにもち米を1～3割ほどまぜて蒸す。だんごやかしわもちの原料は、精白したタカキビを水洗いして、寒水にかしておく。干して粉にひく。寒晒《かんざら》しにしたものを保存しておき、必要に応じて出して使う（鶴藤鹿忠、1984）。

「桃太郎鍋」は、「キビ団子」を中心にし、地産地消で健康的な岡山産の農産物や海産物を素材とします。「桃太郎鍋」の名称にふさわしく、キビ団子、猿・雉《きじ》・犬に関する食材を含めるものとします。お米や新鮮野菜は、連塾生も多く参加している農業塾の「百楽塾」で栽培したもの、海産物は笠岡諸島など県内で獲れたものを中心とします。

（2）「吉備キビ桃太郎体操」

2004年8月に上海に出張したとき、早朝散歩していて感心しました。市内の公園が毎朝6時にはすでに活気を呈しているのです。あちこちに太極拳《たいきょくけん》の練習をしているグループや個人、社交ダンスをしているシニアのグループ、バスケットを楽しむ若者グループ、など実に多様なスポーツを非常に多くの人達が楽しんでいます。このような早朝からこれほどの活気を呈した公園の姿は、日本には見られないだろうと思いました。いつかこのような活気を岡山にも日常的に創りたいと念願してきました。やっとそのチャンスが巡ってきた感じです。

平成19年11月に「第19回全国生涯学習フェスティバルまなびピア岡山２００７」が岡山県で開催されます。この生涯学習フェスティバルの開催に当たって、「いつでも」、「どこでも」、「誰でも」、「簡単に」できる健康体操を考案することになりました。体操の名称は、吉備の国にちなんで「吉備キビ桃太郎体操」です。

この健康体操を考案するメンバーとして、全県をあげて活動するためには、産学官の連携を取りながら進めていくことが大切です。そこで、岡山県生涯学習課、健康ライフネット、中国学園大学・中国短期大学、岡山大学、ＯＳＫなど、県内各機関が一体となって作り上げていくことにしました。各機関の代表による準備会において、体操のテーマを決め、体操の音楽は中国短期大学が、体操自体は岡山大学、健康ライフネット、ＯＳＫが担当することになりました。出来上がりの精度を高めるため、その音楽や体操がテーマに沿ったものであるかどうかなど確認しながら準備を進めました。また新しい健康体操として、これまでの研究から筋肉だけでなく、味覚以外の五感を刺激することを新たなコンセプトとします。触覚、視覚、聴覚、嗅覚《きゅうかく》（森林の臭いを？）特に、認知症防止には、脳への刺激が必要であり皮膚に多くある受容器の刺激は有効と考えられます。「さすって、たたく」運動も取り入れました。

出来上がった体操は、11月３日に生涯学習センターで披露し、デモンストレーションを行いました。来年度11月には全県で一斉に行い、ギネスに挑戦したいと思っています。

Ⅷ・「地域創生学」が目指しているもの

1．今なぜ「地域創生」か？

（1）現代への課題認識

戦後めざましい経済的な発展を遂げ、モノにあふれた便利な生活を享受するようになっていますが、大量生産・大量消費・大量廃棄に象徴されるモノの「豊かさ」への飽くなき追求が、地球的規模での資源の枯渇と自然破壊をもたらしています。また、機械文明・自然支配的人間観中心のパラダイムはかなりの程度破綻《はたん》し、自然と人間の共生、豊かに自然・文化・人間が根幹的に関わり合い、心の質を問うパラダイムへと転換してゆくことの必要性が高まっています。量的拡大と効率を追求する機能的経済価値を中心目標とするのではなく、主として心の豊かさや心地良さ・美しさなどの感性価値の充実を追求する社会が求められています。

近代的合理主義などの近代文明を支えてきた思考法や発想法の枠組みそのものを再検討し、中・長期的ビジョンに基づく新たな地域を創生すべく地域創生学を確立することが、新たな地域・コミュニティづくりに不可欠です。つまり、地域・コミュニティづくりそのものが目的ではなく、地域創生学の確立とその実践的行動が結果的に新たな地域・コミュニティづくりに繋《つな》がるものとなります。欧米的な「人間中心主義」から脱却し、東洋的・日本的な「人間・自然共生主義」を中心とする世界観を確立することが志向されねばなりません。

〈課題（38）〉
現代社会が直面している基本的な課題をまとめてみよう。

現代社会が直面している基本的な課題は、次の諸点にまとめることができます。

①　経済優先社会の欠陥
経済優先社会の大量生産と大量消費、さらには大量廃棄に基づく「豊かさ」が、地球的規模での資源の枯渇と自然破壊をもたらしていること

②　機械文明・自然支配的人間観中心のパラダイムの破綻
機械文明・自然支配的人間観中心のパラダイムの破綻によって、自然と人間の共生、豊かに自然・文化・人間が根幹的に関わり合い、心の質を問うパラダイムへと転換してゆくことの必要性が高まっていること

③　グローバライゼーションの波
現代はヒト・モノ・カネの移動や流通が地球レベルで加速度化していること、一元的論理による国際経済の活動が広範囲に拡大していること、コンピュータ技術が通信手段や交通網に革命的変化を及ぼし地球全体を席巻しはじめたこと等々、いわゆるグローバライゼーションの波がこれまでの人類が経験したことのない速度と範囲で押し寄せていること

④　「世間・コミュニティ」の崩壊へと傾斜する現代
「世間の中に生きた絆《きずな》をもっていた個性」が段々と失われ、「個々ばらばらの孤立した性（「孤性」）になってきていること。「個人」と「社会」の間に「世間」があり、3者のつながりが重視されねばならないこと。以前から日本では、「世間」という人と人の絆があり、その「世間」が個人を拘束していて、自己主張が不得意になりやすいこと

⑤　貧しさを強いられている人々

私たちの裕福な暮らしの影には、同じ地球上で貧しさを強いられている人々の存在があり、世界では約13億人が、1日あたり1米ドルにも満たないレベルで生活しているという。開発途上国に生活している48億人のうち、およそ60％は基本的な衛生を欠き、およそ3分の1はきれいな水を利用できない。国連の報告では、２０００年にはおよそ8億４１００万人が慢性的な栄養失調状態にあり、88カ国で食糧不足が大きな問題となっていること

日本は「単一民族・単一文化」の国であるという考え方が一般に流布していますが、単一性よりもむしろ異質共生が目指されるべきであり、「日本文化」という単位ではなく、それぞれの「地域文化」を基盤にした文化共生こそ今求められています。

現代及び中・長期的ビジョンに基づく新たな地域創生の必要性を踏まえて、地域創生学を確立することが、新たな地域・コミュニティづくりに不可欠です。つまり、地域・コミュニティづくりそのものが目的ではなく、地域創生学の確立とその実践的行動が結果的に新たな地域・コミュニティづくりに繋がるものとなるのです。

（2）21世紀の新たな展開

① 「モノ優先」から「ヒト優先」へ

20世紀は、大まかな総括をすると、「科学・技術・経済の飛躍的発展」の世紀だったと言えるでしょう。確かに、科学・技術・経済の飛躍的発展は生活の豊かさを招来し、モノの豊かさに満ちあふれ便利な生活へと大きく舵《かじ》をきることができた。しかし一方では、モノの豊かさと便利さが果たして人の幸せにつながっているであろうか。科学・技術・経済的発展が、限りある地球環境の中で人類が永続的な調和を

達成することができるとは考えにくい。

20世紀は「モノ優先」の時代であったが、21世紀は「ヒト優先」の時代とならねばならない。ヒトの幸せにとって、科学・技術・経済はあくまで手段であって目的ではない。ヒトがモノや自然と融和し、それぞれの地域に根ざした幸せと人類の永続的充実の追求が目的です。歴史・文化・自然とヒトが融和した美しい地域で楽しく協働して生き、地域の歴史や文化に誇りを持ってその地域をより良くしていこうという気概に満ちた生活の追求が目標となります。

② 共生・融和的世界観

歴史・文化・自然とヒトの融和、それは古来からの日本人魂です。古来からヒトも自然・生態系の一部であるという視点が、生活や文化や美意識の基本にあった。ヒトと自然との共生を基盤とした世界観に立って、有限な自然容量を考えるとき、科学・技術の使い方においても、ヒトの活動を抑制するような新たな環境の捉え方が必要となるのです。

2. 地域創生学の本質と課題

(1) 産学官融合による新たな総合学「地域創生学」の確立を目指して

近代科学は西洋の「要素還元主義」という分析を基本にして進んできたものです。その功績は多大ですが、全体をいくつかの要素に分ける見方と共に、それを全体としてみる科学も重要です。総合学はその両者をみようという学問であり、全体の中に部分を位置づける発想を重視するものです。

地域主体（ローカル）からの世界（グローバル）への発信、すなわち「ローバリズム」の追求を基盤にした営みが地域創生学です。社会的営みは、限定された時期・場所・人々によって行われるものです。その意味においては、時空を超えたユニバーサル（普遍的）な知識を探究する自然科学とは対照的に、ローカル（局所的）な場所から生まれ、そのローカリティの特色を色濃く反映するものです。このローカリティこそ人間科学の特質です。ローカリティを探究する人間科学を優先しながらも、同時にユニバーサリティを探究する自然科学とが両輪になってこそ、総合学としての地域創生学が可能になってきます。ユニバーサル性は、あくまでローカルな過去・現在・未来の把握と新たなローカルの創生のプロセスにおいて沈殿していくものです。しかし、ローカルな特性は、そのローカル独自のものであると同時に、他のローカルにつながるものでもなければばならない。ローカルがいかに「インターローカル（地域間）」になるかにも意を注がねばなりません。あるローカルから発信された知識が、他のローカルに伝播《でんぱ》していく。二つあるいはそれ以上のローカルな場が結びつき、インターローカルな関係が生まれ、それがやがてユニバーサルへと拡がっていく姿を目指すことになります。

地域創生学の確立にあたっては、新たなパラダイム・哲学に基づいて現在の学問体系を総合的に構築して「総合学」として体系化し、産学官民協同研究によって人間学・生活実践学、「総合人間生活学」として構想することが必要です。学問を大学中心の学会内部の研究体系に留めることなく、社会に開放し、社会に根付き、社会を創生する学問でなければなりません。たとえば、文系・理系の壁を崩し、文理融合への道を進んでいく新しい職業人の育成に努力することが重要です。

地域創生学研究の成果として、新しく望ましい地域の創生を目指し、地域から全国・世界へ発信しうる内容となるよう努めることになります。歴史と文化が育ててきた良きものを「保存」（守る）・「再生」（取り戻す）し、より望ましいものを「創生」（創り出す）活動を進めねばなりません。

産学官民融合による新たな総合学「地域創生学」の確立を目指すためには、次の諸点を念頭に置かねばなりません。

① 社会全体を貫く世界観・パラダイムの総合的検討

過去・現在・未来へとつながるパラダイムに基づく地域創生の方向性を見据えることが大切です。

② 日本歴史・文化の独自性に基づく歴史観・歴史感覚を持つこと

日本は「単一民族・単一文化」の国であるという考え方が一般に流布していますが、単一性よりもむしろ異質共生が目指されるべきであり、「日本文化」という単位ではなく、それぞれの「地域文化」を基盤にした文化共生こそ今求められています。

③ アジア圏と太平洋圏との交流・連携の重要性

「共生と循環の世界観」に立つ地域主体による世界発信力である「ローバル・リテラシー」が重要です。

(2)「地域創生」の意義

① 「家庭崩壊・古里崩壊・生き甲斐《がい》喪失」の現代からの脱却

「家」の機能・重要性が低下しています。家族のつながりが社会の原点ですが、家族構成員の生活はバラバラで、それぞれ寝に帰るだけの「カプセルホテル化」していると言えるのではないでしょうか。夫婦共稼ぎなどで団欒《だんらん》のチャンスが低下し、家族談笑の場である「一家団欒」も段々と失われつつあるようです。食事を家で作って食べる機会も少なくなり、コンビニ隆盛で24時間食も確保され、便利ではあっても家庭の「温もり」はない。子供部屋は一人ずつ確保され、テレビも与えられ、電話も携帯電話が急速に普及して、部屋に閉じこもる「閉じこもり族」が増加しています。一緒にテレビを見たり、家庭の電話で代わる代わる電話に出て談笑することも無くなってきています。

携帯やメールなどの普及で、誰《だれ》とでもつながれる時代ですが、「つながっていると錯覚している時代」と言えるのではないでしょうか。「携帯と財布を忘れたら、どちらが大変」と聞くと、携帯だという。あるいは子どもも塾や習い事で忙しく、遊びに誘われても「忙しいからダメ。予約して」という具合です。

② 地球学・宇宙論からの視点

松井孝典氏が主張しているように、人類は約1万年前に農耕牧畜を始めた時から「人間圏」をつくって生き始め、生物圏から分かれ、地球全体の物質やエネルギーの流れを変えてきた。その結果今、われわれは地球環境問題を始めとする困難な問題に直面しています。地球システムと調和した人間圏はいかにあるべきか、が問われています。宇宙、地球、生命、人類というスケールで「歴史とは何か」を考え、環境、人口、食料問題など、文明の基盤を揺るがす深刻な課題を地球システムの問題としてとらえることが必要です（松井孝典、１９９８／２００３）。

③ 世界観の確立を目指して

欧米的な「人間中心主義」から脱却し、東洋的・日本的な「人間・自然共生主義」を中心とする世界観を確立することが志向されねばなりません。

欧米の「キリスト教的世界観」は、神・人間・自然の三者の間に厳然とした主従関係を認めています。全能で全機能を持つ神は、常に最高位に置かれ、被創造物である人間と自然を支配することができるとされています。最下位の自然は、神と人間の両者によって支配される運命を持っています。このような世界観に基づいて、人間が自然を征服し、支配し、利用し、保護するという思想が地球規模の環境問題をも招来しているといえるかも知れません。

一方、日本人が持つ世界観の特徴としては、神道・仏教・俗信仰の三者の融合が代表的と考えられます。神（仏）・人間・自然の三者の間には、厳密な上下ないし主従関係が認められません。

（3）地域創生学の本質

1）「地域学」の研究成果に基づいて

①「地域学」とは

「地域を地域に根をおろした仕方で明らかにしてゆこうという総合的な研究の試み」と定義することができます。地域学は大別して、学問的に体系化をめざす「研究体系型」、実践重視の「生涯学習型」、地域が直面する課題解決を目指す「課題解決型」の三つに分けることができます（奈良県立大学地域創造研究会、２００５）。

A．研究体系型

地域の歴史や文化、民族などを深く掘り起こすことによって、地域を再発見・再認識し、地域のアイデンティティの確立を図ろうとするものであり、その代表としては、「東北学」や「播磨学」があげられます。

B．生涯学習型

行政や大学、NPOなどの実践団体によって、地域住民を対象に生涯学習事業の一環として行われます。地域住民をまちづくりの担い手としてとらえ、単に地域のことを学ぶだけではなく、その学習結果を行政に反映させることをめざしているものもあります。「掛川学」、「山形学」、「青森学」などがその代表です。

C．課題解決型

過疎化や地域産業の衰退など、地域が直面している課題を解決するために、住民自身で勉強会を企画したり、行政が住民に呼びかけて会を組織し、ともに問題解決の糸口を見つけようとするものです。「十津川創生塾」や「新世紀まほろば塾」、「但馬学研究会」などがあります。

これまでの地域は、戦後特に高度経済成長期以降、都市部への人口集中と画一的都市形成が加速されていった。地域性という多様な特性は軽視されて都市化されてきました。それぞれの地域には独自の歴史・文化・景観などの特性があり、そのような多様性を踏まえた地域の本質を解明することにはなかなかなっていないと言えよう。

これまでの地域学は、各種学問的研究の集結としての色彩が強く、各種学問的研究の成果をそれぞれの地域の課題に当てはめて考察していくという手法が中心的であった。その地域に関する個別的研究の集合にすぎないような多くの現状は改めねばならない。そのような学問研究からのいわば「トップダウン」的アプローチと共に、その地域から掘り起こした諸問題に総合的にメスを入れる「ボトムアップ」的アプローチも重視されるべきです。まずは、現代社会の課題と各地域の課題に基づくグランドデザインという哲学を打ち立て、その達成目標に向けて下から積み上げて新たな地域を創生することでなければなりません。今後の地域学は、それぞれの地域性を生かした地域を創生する学問、「地域創生学」として確立されねばなりません。

そのような地域創生学への試みが今まで皆無であったわけではありません。たとえば、「東北学」には、その熱い試みが進んでいます。『東北学』という研究書の創刊に際して、「新たなる列島の民族史的景観が拓かれる」と題して、次のような力強いことばが述べられています。

「東北学とは何か。忘れられた、いまどこにもない東北を掘る、それは固有なる思想の場所としての東北へと至る道行きであります。北から/南からの、歴史と文化と民族が出会う境の市場としての東北のそこかしこを、具体の目と足で歩きながら、もうひとつの東北像の可能性を探り、新たな地の地平を拓いてゆく作業こそが、東北学であると考えています。この東北学もまた、いまだ存在せぬ、来るべき未来に属するものです。東北という、どこか寡黙なる大地に、いま可能性としての種子を蒔《ま》かねばならない。『東北学』は新たな東北ルネッサンスの礎石となることをめざして、静かな第一歩を踏み出します」

この「新たな地の地平を拓く」営みこそ、地域創生学の根幹となるものであります。

2）地域創生学の特徴

地域創生学における地域の捉え方は、伝統的な空間的エリアとしての静態的なものとしてではなく、動態的で関係論的な捉え方、すなわち多様な個性や生き方を持っている人たちが織り成す多元的な関係社会の中で何らかの共通性を持って自立した地域づくりと考えることが中心となるものです。

地域を取り巻く環境においては科学・技術の著しい進歩によって近代化が達成されてきていますが、同時に環境問題などの地球規模の大きな問題が起こっています。このような複合的な問題に対して、これまでの個別学問の学際的協力体制では、十分な対処はできないでしょう。現代的課題解決へのアプローチとしては、次の諸点が採用されねばならない。

① 近代的合理主義などの近代文明を支えてきた思考法や発想法の枠組みそのものを再検討

② 望ましい知の構築へのパラダイム・シフトによる人間と環境との共存・共生への包括的展望

③ 地域創生の内容・方法を地域から全国・世界へ発信すること

科学は西洋の「要素還元主義」という分析を基本にして進んできたものです。その功績は多大ですが、全体をいくつかの要素に分ける見方と共に、それを全体としてみる科学も重要です。総合学はその両者をみようという学問であり、全体の中に部分を位置づける発想を重視するものです。「総合」とは、通常は、分割されているものをまとめていくことですが、ここでは、分析しないで、そのまま全体としてみることも「総合」の重要な視点です。単なる学際的総合ではなく、全体として見る総合的視点に基づく新たな学問体系の構築が目指されねばなりません。

研究手法としても、社会から掘り起こした問題を優先し、研究体制としては産学官民のパートナーシップによる協働が重要となる。そのような研究成果として、新しく望ましい地域の創生を目指し、地域から全国・世界へ発信しうる内容となるよう努めることになります。

地域創生学の基本性格は、次のようにまとめることができます。

① 「総合学」であること
—要素還元主義に基づく個別学問の集積ではなく、総合学・人間学としての組織的研究に基づく人間・自然の共生への包括的展望を築いてゆくこと
—科学技術の長足の進歩による1つの副産物として、環境問題、食料・生命問題などの人類存亡の危機とも言える大きな課題が生起しています。これらの諸課題の解決には、これまでの個々の学問研究領域での集積では不可能で、包括的・総合的な対応が必須です。
—理論的・科学的な「学問知」と社会における課題解決的な「社会知」の融合
—「物質主義」と「精神主義」の融合
② 地域の誇りに基づく「創生活動」の重視—「ローカリティ優先」による主義・主張・行動の学問

―それぞれの地域が持つ個性・風土・文化に根ざした地域への誇りを掘り起こし、地域の人たちが中心となる実践的研究が必要

―望ましい地域を創生するための言動を重視し、「地域づくり」という実践的・創造的行動を前提としています。

―自分づくり、いわば「自分学」をコアにした人づくりによる地域創生展開

―自分と社会をつなぐ「ブリッジ」（関係体）を建設し、個別的で具体的な人間の「生」とのつながりにおいて明らかにする社会学の建設作業

③

価値創造的特性―「目標学」的特性

―最初に達成すべき目標があり、現代社会の主要課題の解決をめざし、各地域が描くグランドデザインの哲学的目標を達成する努力が地域づくりの根幹です。いわば漠然とした想いがいかに妥当なものであるかを証明するために、どうすればそれを実現することが可能なのか、その方法を考えます。

―既存の学問領域にこだわらない新しい地域創造のための学問であり、その一つが地域創生学であるといえます。

―社会と社会学の新しい捉え方

「社会とは人びとの間に繰り広げられている『相互作用』の網の目」（ジンメル）

―「相互作用論的社会観に立ったジンメルの視点、すなわち「当事者の視点」と「俯瞰《ふかん》する視点」の両方を持つということ

―その地域にはない異質なものを受容できる場所へと地域を創っていくことが重要です。地域とは固定的にそこにあるものではなく、望ましい地域へと「創っていくもの」であると言えます。地域にあっ

では、これまでに存在していた伝統を保存・活用・再生しながら、それに少しずつ変更を加え、新たに創生されるものです。地域とはつねに変化し創造され続けるものです。

―日本型社会編成原理――「協同団体主義」としての捉え方

「集団」の中での「個」の存在を重視する日本人の考え方で、そこには「連帯的自立性」(joint autonomy)があると言えます。集団とその成員とは、互いに相利共生（symbiosis）の関係にあります。また、「個別体」ではなく、「関係体」で、集団の中でお互いに協力関係を求め、関係性の中で生活あるいは行動していく存在です（濱口恵俊、２００３）。

日本型社会原理の考察を通して、日本らしさ、日本論・日本人論を打ちたて、世界に発信して世界をリードし得る哲学と実践体系を確立するプロセスを重視するものです。

(4)「連塾」・「健塾」が目指しているもの

1)「連塾」フィロソフィー

今の状況を総括してみると―「連なり・絆」がキーワードです。人と人、人と自然、人とモノとが分断される傾向が加速し、すべてとつながる力である「コミュニケーション能力」が強く求められています。このような状況にあって、「連なり」をキーワードとして、地域創生のリーダーを養成する塾を開講するため、岡山市の京山の麓《ふもと》に「コミュニティ・プラザ」（約50人収容）を建築し、２００５年3月23日に竣工となりました。同時に、産学官民協同研究によって人間学・生活実践学、「総合人間生活学」として構築し、新たに地域を創生することを目指して、「地域創生学研究所」を4月下旬より開設いたしました。

量的拡大と効率を追求することを中心目標とするのではなく、主として心の豊かさや美しさなどの感性価値の充実を追求する社会が求められています。個人的な一つの行為も、損得ではなく、それが楽しいことかどうか、地域社会にとって有意義なことか、さらには人間社会・地球環境にとって意義深いかどうかの社会的価値にどれほど繋がっているかが重要なポイントとなります。一人から始まる「夢チャレンジ」の輪が地域を生き生きとしたものにする母体となります。

「連塾」は次のようなフィロソフィーに基づいています。

① 塾生一人ひとりが、新しい価値観・社会システム・ライフスタイルに基づいて望ましい地域を創出してゆく「地域創生デザイナー・マネージャー・プロデューサー」を目指す。

② 「連」すなわち「共学・協働・共創・共生」を基本理念とし、自然・人間・社会を「連（つな）ぐ」コミュニケーション力をつける。

③ グローバルな「知識・見識・胆識」を持って、ローカルを基盤に行動し、地域主体から人類融和・世界平和に資する「ローバル人」を目指す。

④ 歴史に学び、未来を切り拓くビジョンを持って、確固たる「精神的バックボーン」に従って考え、行動できるフロントランナーを目指す。

⑤ ３つのＣＨ（ＰｉｎｃｈをＣｈａｎｃｅに変えるＣｈａｌｌｅｎｇｅ精神）を持って逞《たくま》しく行動し、地域に「つながり」と「夢」と「元気・覇気・根気」を創生する。

⑥ 経済的・社会的価値と、心の豊かさ・美しさとしての感性価値を総合化したバランスのとれた明るい地域を創る。

⑦ 常に「面白がる精神」によって何事にも意欲的に立ち向かい、「生涯〝楽〟習健康法」を体得する。

⑧ 「知性・感性・体性」の三位一体による夢実現力を鍛え、地域創生諸活動を展開する。

⑨「知識基盤社会」における地域力としての家庭・学校・社会の地域文化・教育力の向上に努め、医療・福祉を重視した「ヒューマン・ネットワーク社会」の樹立を目指す。

⑩既存の学問体系を総合化して再構築し、産学官民協同研究によって、「総合人間生活学」としての「地域創生学」の確立を目指す。

2）「健塾」のフィロソフィー

「連塾」の姉妹塾（サテライト塾）として1年後に開塾した「健塾」は、次の目標達成を目指しています。

①心豊かに生きる自己のＱＯＬ（生活の質）の向上に努めて、地域に「つながり」と「夢」と「元気」を創生し、活力みなぎるシニアライフが輝く「福寿社会」の創生を目指そう！

②歴史・自然・文化に学んで「精神的バックボーン」を持って、健やかで心豊かに生活できる「福寿社会創生リーダー」として「シニア・ルネッサンス」を目指そう！

③生涯にわたって「楽習」し、常に一歩前への向上心を持つ「生涯〝楽習〟健康法」をつかんで「エイジズム（高齢者差別）」の克服による「アンチ・エイジング」（抗老化）に努めよう！

④知育・徳育・体育・食育に基づく知力・健康・体力づくりのための諸活動に参加して、地域の人たちとの人間関係とコミュニケーション力を高め、サクセスフル・エイジングを獲得しよう！

⑤還暦までの「往寿」と次の還暦までの「復寿」を全うする１２０歳の「完寿」を目指す「アンダンテ・ライフ」を実現するよう努めよう！

⑥現在の学問体系を総合的に再構築し、「総合人間生活学」としての「地域創生学」に位置づけられた「福寿社会創生学」をみんなの手で築いていこう！

（5）「地域創生学研究所」の挑戦

「連塾」は地域創生リーダーの育成、「健塾」は福寿社会創生リーダーの育成という、いわば人材育成の教育機関ですが、「地域創生学研究所」は、文字通り研究中心の機関で、地域創生学の確立に向けた諸活動を展開しています。

① 「地域創生学」の確立をめざした研究と実践を行い、「人間総合学」を基本に、人・自然に学び、人として育ち、人を創る学びを進めます。具体的には「吉備学」として確立するよう努めます。

② 科学技術の長足の進歩による1つの副産物として、環境問題、食料・生命問題などの人類存亡の危機とも言える大きな課題が生起しています。これらの諸課題の解決には、これまでの個々の学問研究領域での集積では不可能で、包括的・総合的な対応が必須です。

③ 産学官民協働のもとに理論・実践融合化による「地域創生学」研究を推進し、「保存」（守る）・「再生」（取り戻す）・「創生」（創り出す）のバランスを図りながら、各種地域創生実践活動を推進します。地域創生学研究の成果として、新しく望ましい地域の創生を目指し、地域から全国・世界へ発信しうる内容となるよう努めています。歴史と文化が育ててきた良きものを「保存」（守る）・「再生」（取り戻す）し、より望ましい地域を「創生」（創り出す）活動を進めています。

3. 地域創生学研究の研究実践方法

(1)「地域づくりへの新たな視点」とは何か

1) 人づくりとしての地域創生

地域づくりの活動は、どのような組織形態で行われていても、基本的には「人」により支えられています。地域づくりリーダーをはじめとした計画的かつ継続的に地域づくりを行う人材の発掘と育成が重要であり、そのためのシステムを構築する必要があります。

ヨーロッパでは、「都市は市民がつくった」という歴史があります。一方日本では「市民がつくった」という歴史がない。だから、行政依存になりやすい。農村部から都市へと人が流入してきて都市ができ上がってきた。どんどん膨れ上がる都市に対して、行政は道路等の都市基盤を整備してきた。いわば上からの都市づくり、市民不在のまま都市がつくられてきたのです。まちづくりは「行政がするもの」、「住民はそれについていくもの」といった気持ち、行政主導型の考え方が強く、住民側の主体性は極めて弱かった。

しかし、地域おこしは結局は「人」です。新しい地域づくりや産業おこしに成功しているところには、必ず推進役の仕掛け人がいます。仕掛け人を中心にして交流が生まれ、人のネットワークができ、地域全体の力をより大きくしていきます。「地域づくり」は「人づくり」であり、地域の住民一人ひとりが大切で、日常レベルでの根底からどう世直しするかが鍵です。

地域から発信するローバリズムを基盤に、地域および世界のいろいろな人との対話によって、「あたたかい心・ひらめく英知・たえぬく努力」の精神を磨き、社会的体験による実践的思考から「生きて働く知識」を創り、「豊かな人間性」を磨く学びを目指す教育であるべきです。

学ぶことの根源的意義を問うとき、M．ファーガソンも指摘するように、自分の世界に意味を発見し、意味を創り出す作業であり、「生きること」と同義であることが判明します。生きることと学ぶこととが共鳴し合うとき、知の再構築・総合化・シナジーが起こるのです。

2）地域づくり活動の類型

地域づくり活動は、多様で次のように類例化できます。

① 生活充実のための活動―文化、スポーツ、趣味の会などの活動

② 地域問題解決（まちづくり）のための活動―地域福祉の充実、まちの安全確保、生活環境の整備、青少年の健全育成、地域計画づくり、などの活動

③ 組織の運営―ニュースの発行、集会所の管理・運営、コミュニティ会議の開催、などの活動

従来型地域開発にはどのような問題点があり、今後はそこからどのように転換していくべきでしょうか。これからの地域づくりは、多様な人々の主体的参加と有機的連携によって地域のグランドデザインを描き出すことが求められています。すなわち、地域住民が主体となって、自分たちの地域をどんな地域にしたいのか、どんな地域に住みたいのか、どんな地域であれば誇りがもてるのかという地域の将来像についてグランドデザインを描くことです。そして、描き出されたグランドデザインを国や自治体がバックアップできる体制を整備することです。

3）「非営利革命」に基づいて

地域づくり活動は、基本的には非営利活動です。地域づくりが発展して「コミュニティ・ビジネス」を

する場合のように、営利活動となることは例外的にはあります。

〈課題（39）〉
地域づくりにおける「非営利革命」に学ぼう。

地域づくりにおける「非営利革命」とは何でしょうか。まずアメリカやヨーロッパにおける最近の実状から見てみましょう。アメリカにおいて１９８０年代から急速に発展したのがＮＰＯです。現在では１４０万を超え、大学卒業生の１割がＮＰＯに就職するということです。ＮＰＯは民間非営利団体、福祉、環境、文化、教育、コミュニティなどさまざまな分野で活発な活動が展開されています。

ここで言う「非営利」とは、「剰余利益を関係者で分配しないこと」です。ＮＰＯは、組織維持のため収益事業も行いますが、収入があった場合、給料は出してもいいけれども、利益はＮＰＯ法人の行う公益事業に充てなければなりません。社会のニーズに合ったサービスの提供によって事業を展開します。そしてその利益は、サービスの更なる向上のために使われます。

80年代の欧米では、不況のなかで構造改革が進み、政府機関の縮小や競争原理が導入されてきました。その裏で、公益事業などの受け皿としてＮＰＯが伸び、競争の痛みを和らげるための役割を担ってきました。その後、イギリスもアメリカも経済が回復し、活況を取り戻します。ＮＰＯはその回復に大きな役割を果たしました。この動きが各国へ広まっていったのです。

日本でも遅ればせながら、近年ＮＰＯ法人が誕生し、ＮＰＯ導入事情は欧米と基本的に同じです。不況のなかで、小さな政府や地方分権をめざしており、市場原理の導入が進んでいます。ＮＰＯは、閉塞《へいそく》感ただよう日本社会を再生させる可能性をもっています。ＮＰＯは、日本の構造改革を進めるために、一人ひとりの市民が参加できる活動なのです（米田雅子、他、２００５）。

私たちの周囲を見渡せば、ＮＰＯ法人へのシーズはたくさん見つかります。自分の好きなこと、やりたいことを選んで仲間を集めて企画運営していけばいいわけです。お年寄りの喜ぶ顔が好きで介護の活動を始めた人、豊かな自然が好き、農業や林業が好きで森林整備や有機農業を進めている人、自分の住んでいる地域が好きで地域創生活動に情熱を傾けている人、など実に多様です。

4）「生涯学習まちづくり」の観点から

急激な社会の変化に対応していくための学習の必要性や高齢化や成熟社会における生きがい追求としての学習需要の増大など、生涯学習に対する期待が高まってきました。日進月歩の科学・技術の進歩と価値の多様化した社会にあって、自らの意志で進んで取り組むことが必須となってきています。生涯学習とは、言葉のとおり「生涯にわたる学習活動」ですので、学校における教育、企業内研修、公民館や図書館などで行われる社会教育、さらに個人や地域で行う教養・趣味のための学習やスポーツなども含まれます。

生涯学習社会は、現在の青少年期に集中している教育の機会と、その結果がその後の生涯を支配するという社会風土を是正し、生涯にわたって〝いつでも〟〝どこでも〟〝誰でも〟が必要に応じて学習できることを目指しています。その学んだ成果が社会的に正当に評価され、同時に、生涯学習を通して新たな地域づくり、まちづくりをしようとするものです。学習を通して得た知識や技術がまちのなかで活かされるような「生涯学習まちづくり」を推進していくことが必要です。家庭・学校・地域での生活の中のいろいろな学習の機会を通して生涯学習を深めるためにも、心通い合う地域を創っていくことが必要です。

生涯学習まちづくりが目指す人材像は、

① 郷土の歴史を誇りにし、新しい文化を創造しようとする「志民」

② スポーツや芸術を楽しむ健康で心豊かな「健民」

③ 自然・生命を大切にし、持続できる環境を推進する「地球思民」

にまとめることができます。

かつては、まちづくりの主体が行政で住民は客体と捉えられていました。しかし、現在においては、まちづくりの主体は住民であり、行政は住民のサポート役という考え方が強くなっています。まちづくりのメインは建築、土木などのハード面がありますが、ソフト面で、文化、教育、学習も重視されてきました。

「生涯学習まちづくり事業」は昭和63年度から、旧文部省が全国の市町村を対象とした補助事業としてスタートしました。最初は、1都道府県に1つの指定があったが、市町村からの要望が強くあったので、数年後には、8市町村の指定に拡大されました（瀬沼克彰、２００４）。

生涯学習時代のまちづくりは、次の10種類のモデル市町村事業に類別されます（文部省生涯学習局作成）。

（1）学社連携による生涯学習のまちづくり

（2）学習情報提供・相談による生涯学習のまちづくり

（3）ボランティアによる生涯学習のまちづくり

（4）学習サークルによる生涯学習のまちづくり

（5）学習プログラムの開発・実践による生涯学習のまちづくり

（6）勤労者の学習機会の拡充による生涯学習のまちづくり

（7）生涯学習を進める住民大会の実施による生涯学習のまちづくり
（8）地域ぐるみの社会参加活動の実施による生涯学習のまちづくり
（9）施設のネットワークづくりによる生涯学習のまちづくり
（10）その他、各市町村の生涯学習推進に適切と思われる事業

どの観点を重視した生涯学習まちづくりを実践するかを、それぞれの地域のニーズやグランドデザインに応じて決定してすすめることになります。

（2）「地域創生学」研究実践例

1）「夢マップづくり」を通して

〈課題（40）〉
まちを歩いて、「夢マップ」をつくろう。

自分の住んでいるまちには、良いところも悪いところもあるでしょう。良いところ誇りに思えるところはどこでしょうか。足りないところ、新たに創るべきところはどこでしょうか。そのような想いを胸に、身近なまちのことを、もう一度見直すためにも、歩いてみましょう。良いところや悪いところを整理して、まちづくりの方向やアイデアについて仲間と意見を出し合い、自分たちが望む地域の「夢マップ」をつくってみましょう（鈴木崇弘、他、２００５、83-84）。

・まちを歩いてみよう
・インタビューをしよう
―どうしてこの森がなくなってしまったのか、道路を挟んで民家とマンションがはっきりと分かれているのか…。
・まちの良い点と悪い点をまとめてみよう
・まとめたものをもとに、まちのプランを考えよう
―まちの特色を伸ばし、悪いところを改善していくためのプランを話し合います。最後、「夢マップ」（構想図）にまとめます。
・まちのプランを発表しよう
・私たちに何ができるかも考えてみよう

2）「岡山発学びスタイル」の発信

「なぜ、何を目指して学ぶのか」、学ぶ意義、夢が描きにくい現代にあって、「知・徳・体」の調和、「知性・感性・体性」の三位一体による人間性の育成を学びの基本として、「学習インセンティブ（動機）の創生」が図られねばならない。

「知・徳・体」の総合力とも言える「胆識」（胆力と見識、実行力を伴う見識）を磨くこと、それが生涯学習の基本課題であると言えよう。

官民協働による県民総参加による出会いと交流のフェスティバルであるためには、「岡山発まなびスタイル」の発信が大きな目標ですが、その内容は、今の段階では、次の5点にまとめています。

① 岡山独自の歴史や文化・芸能、伝統産業の再発見と継承
② 岡山情報ハイウェイや先端産業の活用を紹介
③ 国際交流、環境、人権などの現代的課題への取り組みを紹介
④ 生涯学習拠点施設の機能を活かした学習活動を紹介
⑤ スポーツレクレーションの振興による地域の活性化

今や「成長社会」から「成熟社会」に移行しています。国全体の豊かさが個人の豊かさにもなる「成長」の時代から、自分の幸せの形を自分のペースで追求する「成熟」の時代へと転換しています。ある意味では、国と自分・地域との優先関係が逆転する時代とも言えるでしょう。これからの生涯学習社会においても、国家的・市町村的施策が先にありきではなく、県民一人ひとりからの盛り上がりができる限り優先されねばなりません。「地域住民主体による地域から全国・世界への発信」が大切にされる時代になっているのです。「自分づくり→人づくり→地域づくり→地球づくり」の流れを重視すべきです。

グローバリゼーションの均一化による文化の基盤である地域が喪失する傾向を打破することが必要です。地域はそれぞれ個性を持っており、量と質の両面からの魅力ある社会の創造を志向する必要があります。一人から始まる「夢へチャレンジ」の輪が地域を生き生きとしたものにする母体となるのです。

3)「一村一品運動」として

大分県の平松知事が提唱した一村一品運動は大きな成果と広がりを得ています。この運動への基本的考え方は、次のことばに生きています。

「自分の地域は駄目だと人の悪口ばかり言ったり、行政の悪口を言ってるばかりでその地域が良くなるわ

けはない。そんな悪口を言っている暇があったら、何か一つ自分の地域で誇りとなるものをつくり出そう。何でも良い。農産物でもよい。何もないときには流行歌でもよい。何でもいいから全国で有名になるものを作れば、それが誇りになる。そうすれば地域の人は誇りをもって自分の地域に住めるようになる。やる気を起こすようになる」

まとまりの悪さは『天下一品』であったという大分県で、そのまとまりの悪さを逆手に取って一村一品運動を生み出したのです。この運動の意味をまとめると次のようになります（辻野功、２００３）。

① 誰かがみんなより一歩先に出るのがいやなら、みんなで一歩ずつ前に出ればよいではないかという発想です。「足を引っ張る代わりに、みんなで一歩ずつ前に出る」というまさに逆転の発想であり、各市町村では「おらが町の自慢」を探すことになったのです。これまで遠くを見ていた目線を自分の足元に戻したのです。

② もう一つの特徴は人づくりです。様々な塾を開講し、第一世代に続く第二世代、第三世代の人材を養成することだったのです。

③ 過保護にしないということです。一村一品の育成について県は補助金を出さなかった。補助金なければその事業はしないという市町村は、それはそれでよいとしたのです。その代わり積極的に取り組み成果の見込める市町村には、商品の売り込みについて積極的に援助していくことにしたのです。リスクは自らが取るという自己責任の姿勢を貫き通した。もちろん商品の開発、研究、販路の開拓など、個々の農家や市町村では困難なものには県が積極的に参画していったのです。

④ 運動の成果は多大です。特産品の販売額は昭和55年を１００とするならば平成12年には３９１とほぼ４倍になっています。その中で１億円未満が約２・７倍と一番多く、１～３億円が２・２倍、３～

5億円が1・3倍、10億円以上が約5倍になっています。10億円以上のものの代表的なものには麦焼酎《しょうちゅう》、関アジ、関サバ、別府の竹細工などです。

4）歴史に残る私塾の人づくり

歴史に輝く私塾を列挙することは至難の業です。たとえば、松下村塾において、自由で解放的な教育を行った吉田松陰。各人の持つ素質と個性を十分に伸ばした適塾の緒方洪庵、などと枚挙に遑《いとま》が無い。私塾で学ぶことの基本的な意義は何でしょうか。その主なものをまとめるとつぎのようになります（大西啓義、1996、77）。

① 身分や貧富に関係なく、さまざまな若者が門を叩《たた》き、互いに切磋琢磨《せっさたくま》できたことである。

② 自由な雰囲気で個性を殺さない教育が行われたことである。この自由さが天分や資質を伸ばすためには極めて大切である。

③ 塾の主宰者が情熱と愛情を持って教育に当たったことである。吉田松陰や本居宣長などがその典型である。

〈課題（41）〉
管茶山の「廉塾」の意義を考えてみよう。

江戸時代随一の誉れ高い漢学者管茶山（1748-1827）は、私塾「黄葉夕陽村舎」（後の廉塾）を開きました。現在の福山市神辺町で生まれた管茶山は、京へ上り医学や朱子学を学んだ後、地元で有能な人材を育てるため1781年に開塾しています。「黄葉夕陽村舎」の名は、夕日に映える黄葉山を望む場所に立つことに由来したといわれます。寛政4年（1792）に福山藩に願い出て、藩の郷校としてもらった。それを機会に「廉塾」へと名前を改めました（岡山経済研究所、2005）。

山陽道の宿駅として人の往来が盛んな地の利と、茶山の学識が作用して、近隣はもとより、九州や奥州などの遠方からも入門を希望する塾生が多くいたということです。80歳で亡くなるまで四十数年間、営々と廉塾の経営を続け、時代を担う青年たちを育てています。

儒者・史家として著名な頼山陽も廉塾で学び、30歳になった文化6年（1809）に塾頭になっています。管茶山は54歳の年、藩の儒官に任ぜられ、藩校・弘道館で朱子学を中心に講義しています。頼山陽や浦上玉堂、広瀬旭荘ら名だたる文人、画人がくぐり抜けた格子戸は、当時のままで残っています。講堂や茶山の旧宅が残る敷地内には、高屋川から引いた水路があり、御影石を丸と四角に彫った手水鉢は、入れ物により形を変える水のように、人も交友や環境により、善悪いずれにも感化されるとする茶山の教えを伝えるものです。

「今の神辺があるのは、この場所に茶山が塾を開いてくれたから」と月1回、廉塾のボランティア清掃をしている地元の鵜野謙二さん（66）。活動を通して、子どもたちの郷土愛をはぐくむことも狙《ねら》いの一つとなっています。塾で学ぶ姿はなくなったが、筆洗場を洗い続ける水のように、郷土を、人を、学問を愛した茶山の精神は、郷里の人々の心の中にしっかり流れています（『山陽新聞夕刊』、2005、11、21）。

5）「ビューティフルな地域」づくりを展開しよう

①　美しい人的ネットワーク「結（ゆい）」

「ビューティフルな生き方」、それは、質的に高い、社会的に価値のある人間らしい生き方のことです。私たちが住んでいるコミュニティをつながりのある「ビューティフル」なものにすることが最も求められることではないでしょうか。

日本の村には古来から、「結（ゆい）」という美しい人的ネットワークがあります。一軒だけでは生きられない村の暮らしをお互いの労力を交換する結によって助け合った。しかし戦後衰退の一途をたどっていますが、結の保存運動が活発に行われている地域に、福島県下郷町大内があります。そこではいまなお結によるさまざまな共同作業が生きています。この村の家並みを見るために年間70万人の観光客が訪れるといいます。外面的な美しさだけではなく、みんなで農作業をして汗を流すという労働とそれが完成したときの喜び、そして一緒に手伝い合える仲間がいることのありがたさを実感することができます。一人の力は小さくても、その力を結び合わせると美しい村になるのです。これぞ「ビューティフルな生き方」の典型です。

②「ビューティフルな地域」づくりのプロセス

「ビューティフルな地域」の創生を目指して、次の主要なプロセスを踏んで活動していくことになります。

A．現代社会の根本的課題認識

1）人間優先・個人優先・自然破壊―人と人・人と自然の共生社会へ

2）物質優先・経済優先社会―モノの豊かさからココロの豊かさ・美しさへ

B．地域の現状・課題認識

1）歴史・文化面

2）産業・物産面
3）建築物・交通面
4）環境・福祉・教育面
C．地域のイメージ・個性認識
1）地域のめざす方向性の共有―地域の思想・哲学が感じられることが大切
2）家族や企業などの人間関係社会システムの相互作用
D．地域創生活動認識・構想・計画
1）地域の魅力を発掘し、必要なハード（インフラ）、ソフト（雰囲気、サービス）をつくる仕組みづくり
2）地域創生の夢づくり・夢実現へのアクション・プランづくり
E．地域創生活動実践
F．地域創生活動実践評価・改善
G．地域創生活動定着
―生活の豊かさが実感できるような地域の美しさに惹《ひ》かれて、訪れたくなる地域の創生・定着
3）景観を重視したまちづくり
「風景」が主に自然の景色を指すのに対し「景観」は、人工的な、あるいは人間の手が加わった景色を指すことが多い。景観は、伝統的な街並み、住民が育ててきた住環境、あるいは自然と一体になった風土を、無秩序な開発や急速な変化から守る、という保守的な概念として用いられることが多い。

我が国で初めての景観についての総合的な法律である「景観法」が、平成16年6月18日に施行されま

した。その目的は次のように定められています。

第1条（目的）

この法律は、我が国の都市、農山漁村等における良好な景観の形成を促進するため、景観計画の策定その他の施策を総合的に講ずることにより、美しく風格のある国土の形成、潤いのある豊かな生活環境の創造及び個性的で活力ある地域社会の実現を図り、もって国民生活の向上並びに国民経済及び地域社会の健全な発展に寄与することを目的とする。

「幸福」とは何でしょうか。何によって決まるでしょうか。財貨というような経済的価値ですべてが決まるわけでは決してありません。自分らしく生きることができているという実感に支えられてこそ幸福感も生まれて来るものです。心豊かさ、心地よさという状況や場が必要です。それぞれの地域が心の繋がりを持って美的で快適な落ち着きのある景観と環境づくりの果たす役割は大きい。

私たち人間もまた自然生態系の一部であり、自然・環境との繋がりなくして存在しえません。環境という景色を心で豊かに観ることのできる景観づくりが大切です。ただ物理的に美しい、文明的な美の追求に留まるものではありません。人と自然のつながりが深められることが景観の望ましい姿です。人の顔色にその健康状態を見るのと同様、地域の健康状態を表す景観を整え、未来に向け、「つながりが美しく輝く社会」を構築すべきなのです。

6）「連塾」「地域創生学研究所」による地域創生活動

地域創生リーダーの育成を目指す「連塾」においては、2005年4月開塾以来、塾生一人ひとりの主体的な地域づくり活動を奨励し、互いに協力し合って各地域における地域創生が始まっています。ここではそのうち主要な事例から2つを選んで、その概略を述べてみよう。

①　夏季合宿研修会「連塾 in 笠岡諸島」

連塾塾生の一人守屋基範氏が、「かさおか島づくり海社」の「しまべん」営業部長をしていることもあって、笠岡諸島で連塾の夏季合宿研修を行うことになった。第1回は、２００５年7月30日・31日に真鍋島で行われました。

第2回は、２００６年9月9日・10日に「連塾・健塾夏季研修会」として白石島で開催されました。白石島の島づくりを多面的に体験し、島の人達との意見交換、グループ協議、情報交換会などを行い、かなりの成果を実感することができました。白石島は、修学旅行誘致に熱心で、現在岐阜県を中心とする中・高の修学旅行を1シーズン15校程度受け入れています。また、島民がこぞって取り組む「白石踊」を実際に指導してもらって皆で踊り、実に優雅で種類も豊富な素晴らしい踊りに接することができ皆大喜びでした。島の活性化に取り組む「白石島づくり委員会」の活動に関しても意見交換を行うことができ、一同満足して海上タクシーに乗り込みました。

笠岡諸島への移住者も少しずつですが、増えてきています。定住・永住する人たち、季節を限って臨住する人たち、団体毎に移住する「団住」の人たちと多様です。最初は臨住してみて、満足感を持って定住を決める形が望ましいでしょう。島づくり委員会の中心メンバーは70代、80代の方々で、「60代は若者」と言う委員長の弁が印象的で、島民の人たちのつながりと温かさに勇気づけられましたし、お年寄りが実に元気で生き生きとした生活ぶりをしている姿に教えられるものが大きかった。

②　「駅西地域街づくり協議会」

岡山の駅西地域は、交通の要衝であるとともに、諸病院が集まり諸大学の玄関口でもあるなど、立地条件に優れた地域です。西口発展の起爆剤となる重要事業が着々と進み、２００6年10月には岡山駅の橋上化に伴って、駅東西のつながりも改善され、人の流れも盛んになりつつあります。これからの都市間競争において、岡山県や岡山市が勝ち残るために最も重要な地域であると言っても過言ではありません。

しかしながら現状はというと、大変寂しいものがあります。再開発や駅前広場などの基盤整備は進んでいるものの、古い木造建物が密集して道路も狭いなど防災面で大きな問題となりかねないエリアも多く、商業の空洞化、人口減少や高齢化などの大きな問題が山積しています。これらの問題を解決していくことは並大抵の努力でできるものではなく、地域住民及び関係者が一致協力・協働して、魅力的で安全・安心の街づくりを実現していく努力が必須です。そのため、平成16年2月「駅西街づくり協議会」が設立された。平成17年2月には、「地域安心安全ステーション整備モデル事業」（総務省消防庁）に採択された。続いて、同年3月には「岡山市自主防災資機材給付事業」にも採択され、防災グッズなどが購入された。また、同年5月には、「全国都市再生モデル調査」（内閣官房都市再生本部）に採択され、補助金で「奉還町いきいきプラン」を作成しています。続いて、同年10月には、旧奉還町交番を「奉還町街づくり防犯防災センター」としてオープンして、地域の防犯防災に大きな役割を果たしています。

連塾の塾生・衣笠宏氏が「駅西地域街づくり協議会」の事務局長をしていることもあって、連塾が全面的にバックアップし、塾長の松畑熙一は当協議会顧問もしています。「奉還町いきいきプラン」は、奉還町を中心とした駅西地区の良いところ悪いところを洗い出し、将来どのような街にしていけばよいのかを、自分たちで考え、まとめていこうというプランです。地域住民の人達などのいろいろな声をお聞きし、中国短期大学学生約50名による各家庭への訪問調査や連塾塾生6名も参加したワークショップなどを行ってまとめられた案です。

駅西地域の目標として、「奉還の歴史と今後の発展に愛着と誇りを持てる街にする〝ほっと〟するまち奉還町」が掲げられました。街づくりのテーマは次の3点です。
① 住みやすい環境＝便利な街なかでみんながいきいきと暮せるようにする
・住が充実すれば商も賑わい、来る人も増える
・商が主体の街づくりがうまくいかなかった経緯がある
② いまある資源や利点を活かすなどして「特色、個性」を作り出す
③ 「多様なものの融合」を図る（若者と高齢者、地元民と来街者と学生、モダンとレトロ、など）

4．地域創生学「吉備学」の確立を目指して

（1）吉備の国の歴史と実態に基づいて

岡山県は1876年に創設されましたが、それまでの吉備の国は、8世紀頃から備前・備中・備後（現在の岡山県と広島県東部にわたる地域）の三国と美作国および、小豆島・直島などをはじめ瀬戸内の島々の範囲にもわたっていました。気候が温暖で広大な土地は肥沃《ひよく》であり、次の諸特徴を持った豊穣《ほうじょう》の地です（参考：高見茂、1992／谷淵陽一、2001）。
① 吉井川・旭川・高梁川・芦田川の四大河川が作る肥沃な稲作の先進地（稲作は奈良平野を上回る生産量を誇っていたものとみられています。）
② 瀬戸内海沿岸地帯は製塩業の中心地（日照時間の多い吉備の塩も、古代吉備王国を支えた重要な産物

だった。)

③ 北に広がる中国山地は花崗岩《かこうがん》地帯で砂鉄の一大産地（砂鉄による鉄生産の一大産地であり、これが古代吉備王国を繁栄させた原動力であった。鉄と稲と塩という、きわめて重要な物資をともに豊富に生産する地方といえば、日本国中で吉備地方しかなかった。)

④ 畿内《きない》と九州をつなぐ瀬戸内海は交通の大動脈で、その中心に位置し、瀬戸内海の制海権を握る海運王国（古代においては、人々は海と川を舟で往き来した。吉井川・旭川・高梁川・芦田川の四大河川は、人や物が交流する重要な交通路であった。瀬戸内海は人や物や情報が行き交う海上交通の一大動脈だった。大陸や朝鮮半島から得た最新の優れた造船技術や航海技術は吉備王国を支える重要な要素の一つ。)

⑤ 弥生時代の後期に全国に先がけて王権が成立し、古墳時代には「吉備王国」が隆盛（吉備と出雲は古代日本の先進地。3世紀後半から4世紀初めにかけての時代は、吉備王国の輝かしい繁栄の時代で、広い吉備世界に古代王国が成立、前期の古墳が相次いで築造されました。古墳時代前期の4世紀から5世紀にかけて吉備王国が成立。その吉備王国は、大和地方に成立したヤマト王国との活発な交流のなかで成長し、ヤマト王国に匹敵する勢力を持つ。)

⑥ 吉備の北には出雲王国など山陰の国々、南には讃岐など四国の国々、西には瀬戸内海でつながる筑紫王国とさらに朝鮮半島、東には瀬戸内海でつながる飛鳥・奈良・平安の都と結合―南北ルートと東西ルートが交錯する「古代の十字路」に位置する（中世の瀬戸内海水運の中心となった船。瀬戸内海は、年貢米を輸送する水路としての役割を担い、畿内に住む貴族は、西国の米に依存して生きていた。信仰の道・南北ルート：江戸、上方からは、大坂乗船組と、備前下津井までは陸路、そこから讃岐、丸亀までの船便が、金比羅へ参るルートでした。)

⑦　大陸文化の輸入に好都合な位置にあり、渡来人の定着もあって高い文化と経済力を誇る（吉備国には渡来人系は非常に多く、その子孫も児島高徳・宇喜多直家・秀家等があり、また、母親が渡来人系の吉備真備・法然上人源空、渡来系の女性を妻とした和気清麻呂が有名。古代吉備国は、朝鮮半島から渡来してきた製鉄技術集団、土木技術集団、陶器、織物等の職人を抱え中央に睨みをきかせていた。それを取り上げようとして大和政権が吉備国を攻めたのでしょう。）

⑧　キビ（吉備）とよばれたが、キビの語源は、五穀の一つである黍《きび》を耕作したところから生じたという

（2）「桃太郎文化圏」建設と「桃太郎文化学」の確立へ

「桃太郎」は、鬼退治で有名な、忠孝勇武、勧善懲悪などをうたう昔話の主人公です。桃太郎伝説は、以下で紹介するように、いろいろな地域にわたっていますが、岡山を中心にした「吉備の国」における伝説が中心的であると考えられます。岡山県と香川県における桃太郎伝説をつないだ「桃太郎文化圏」を建設し、文化を通しての地域創生に努力したいと思います。

岡山を中心にした「吉備の国」における「桃太郎王国」としての歴史的・民俗学的研究を総結集し、岡山県と香川県とが連携・協働して、「桃太郎文化・経済圏」の建設し、「桃太郎文化学」を確立して文化を通しての地域創生に努力したいと思います。ひいては「桃太郎」の精神を重んじ、すべての命を大切にし、地球環境を守り、共存共栄を目指すものです。そのようなプロセスを踏みながら、地域創生学としての「吉備学」を確立したいものです。

もともと岡山と桃太郎が結びつけられるようになったのは、１９３０年、難波金之助が『桃太郎の史実』を発刊して以来のことのようです。ここでは岡山県南で伝承され、また文書にも残っている吉備津彦の温羅

退治の話を昔話の桃太郎と結びつけようとしたものです。岡山と桃太郎を結びつける努力は戦後、三木知事時代に地域宣伝や観光宣伝と結びつけて活用され、今日のように「岡山といえば桃太郎」といわれるようになったのです。この結びつけは、香川や愛知のような下からのものではなく、あくまでも行政主導、行政が中心になって上からやったものでした。もっと下からの盛り上がりが求められます。

① 桃太郎と吉備津彦命

岡山では、桃太郎（四道将軍吉備津彦命）が、犬（犬飼健命《たけるのみこと》）・猿（楽々森《ささもり》彦命）・雉（留玉臣《とめたまおみ》命）をつれて鬼ケ島（鬼ノ城）へ渡ったとされています。当時吉備中山（吉備津彦命の本拠地）と鬼ノ城（温羅の本拠地）の間は吉備の穴海で鬼ケ島へ桃太郎が舟で渡ったとしても不思議ではありません。桃太郎が里人を困らす非道な鬼・温羅を退治して里人の危難を救い、温羅は殺されて、その後吉備津彦命が祀《まつ》られている吉備津神社本殿内の鬼門隅（北東）に葬られ艮《うしとら》御崎神社（祭神＝温羅命）として祀られています（谷淵陽一、2001、24）。

「桃太郎は吉備国に実在していた」という衝撃的な著作が出版されています（福武一郎、1986）。それによると、藤原氏第12代関白藤原道隆の嫡男であり、第66代一条天皇の皇后藤原定子さまの兄である内大臣藤原伊周公直系の子孫で、「福武三郎兵衛藤原元信という正式名をもつ武士が、その人であったという。一方、鬼は吉備国一帯を荒らし廻っていた極悪非道な群盗団で「吉備の鬼」と異名をとって恐れられていた凶賊の一団であったそうです。その首領は、吉備路の里清水村（総社市清水）生まれで、鬼五郎兵衛という名の鬼であることも、古系図内の書き込みで判ったというのです。この「桃太郎実在」の主張の信憑《しんぴょう》性は今のところ定かではないようです。今後の研究に待たねばならないでしょう。

② 香川県の桃太郎伝説

岡山の桃太郎伝説と密接な関連が見られるのが香川県の桃太郎伝説です。高松市の沖にある女木島（鬼ケ島）と鬼無を舞台に、伝説上の名前と土地の名前を結びつけて物語にしてあります。お爺さんとお婆さんは鬼無の人で、お爺さんが柴刈りにいった山が芝山で、お婆さんが洗たくにいった川が本津川です。2人には子供がないので、そこで近くの赤子谷の滝で子どもがさずかるように神さまに祈った。ある日、川で洗たくをしているとき大きな桃が流れてきたので、お婆さんがひろって帰った。桃の中から男の子が生まれたので、桃太郎と名づけたといいます。

この桃太郎さんは、孝霊天皇の第8皇子稚武彦命であると言われています。命の兄が、吉備津彦命で岡山県に、姉が、倭迹迹日百襲姫命（田村神社祭神）といい、香川県に住んでいたといいます。そこで、稚武彦命（桃太郎）は鬼退治のためにやってきたといわれています。鬼というのは、瀬戸内海の島々を中心にあばれていた海賊のことです。桃太郎におともした、犬、猿、雉《きじ》は、それぞれの土地の人たちで、犬は岡山県の沖にある犬島の人々であり、猿は香川県綾南町猿王の人々で、雉は鬼無町雉ヶ谷の人たちでした。

③　桃太郎サミット

各地で伝説の残る英雄吉備津彦命ですが、吉備津彦命の父君である孝霊天皇の宮があった奈良県磯城郡田原本町が、桃太郎の誕生の地、ふるさとと言われています。ここで、「第4回全国桃太郎サミット田原本大会」が2001年5月5日に開催されました。大会宣言は「『桃太郎』を世界遺産にしよう」でした。次の大会宣言がなされています。口伝えの文化や形のない文化遺産が世界的に見直されつつある今、我が国の代表的な言語伝承である「桃太郎」話の継承と発展をはかり、世界の文化遺産に高めるための力を合わせることを目的に以下のことが確認され、「桃太郎」を世界遺産にするため努力研鑽《けんさん》することを宣言しています。

一、私たちは、世界の「桃」と「桃太郎」にまつわる諸団体等との交流をさらに深め、まちづくりに活用し、互いに情報発信して世界中に伝えます。
一、私たちは、「桃太郎」を人類の文化遺産に高めるため、その研究と普及に努めます。
一、私たちは、「桃太郎」の精神を重んじ、すべての命を大切にし、地球環境を守り、共存共栄するために貢献します。

その他には、日本の国宝4城の一つ、犬山城がある愛知県犬山市に、犬・猿・キジをともにして鬼退治に出かけた桃太郎の伝説が残っています。神体山でもある犬山市栗栖《くりす》にある桃山、子供の守り神として信仰されていて、子供の背丈の御幣《ごへい》を供えると元気な子に育つと言われています。また、日本ライン桃太郎伝説もあります。日本ライン（木曽川）には奇岩がたくさんあって、鬼が隠れるには好都合だったようです。

④　桃太郎の現代的意義

〈課題（42）〉
岡山における桃太郎伝説の現代的意義をまとめてみよう。

桃太郎メルヘンの里・吉備に住む私たちは、桃太郎伝説から何を学び、何を伝え、何を生かして世界へと発信していくべきでしょうか。桃太郎の現代的意義を、まとめると次の諸点がクローズアップされてきます（参考：おかやま桃太郎研究会、２００５）。

ア．歴史以上に言い伝え、神話、おとぎ話には隠されたメッセージがあり、桃太郎伝説から「視点」の大切さを学ぶこと。

桃太郎にお供した雉・猿・犬にはそれぞれに視点が隠されていて、雉は先見性（勇気）、猿は知恵（知恵）、犬は忠誠心（仁と愛情）をシンボライズしたものです。

イ．岡山や瀬戸内海の環境の多様さが、新しい視点を常に豊かに提供してきました。瀬戸内海一帯は、百数十年前まではお互いが異質のものをもって、全体が結合して繁栄を誇っていました。特に、強大な吉備の国を支えた基盤は、鉄、塩、米、窯業で、当時の日本の四大主要産業の全てを擁していたのです。

ウ．温羅伝説にまつわる鉄王国吉備の国の繁栄と破綻を題材とした桃太郎に秘められた最も重要なものを知る鍵は諸刃の剣としての側面を持つ鉄であり、忘れられていた岡山の本当の文化的本質すなわち異質の混在から最高のものを作るというアイデンティティが見えてくるのです。

エ．「見えないものが見える時代」を創っていかねばなりません。

「カエルの目」を持った現代の人間が、本来の「ヒト」の目を持った人間に変身する必要があります。カエルは動くものしか見えないといわれます。動いていないようなゆっくりしたスピードで近づく蛇は、カエルには見えないので呑《の》み込まれてしまうのです。スピード時代に生きるわれわれの眼は、カエルの目のように動くものしか見ないで、効率主義、数値至上主義など見えるものだけに一喜一憂しているのではないでしょうか。本来の「ヒト」の目を取り戻すことが必要です。ゆっくりと見えない底流を流れる本質的なものを見る目を養っていかねばなりません。

オ．吉備にリーダーが出なかったのは、環境の良さにも原因はあるのでしょう。しかし、吉備には先見性も、忠誠心も、知恵者も存在しているのです。吉備の国が破綻《はたん》した本当の理由は、要するに火急の時それらを束ねる人がいなかったということなのです。桃太郎こそアイデンティティの大切さをきづかせてくれた人なのです。

カ．時代を創る姿勢を持とう。

現在、地域を支える人々のつながり、地域外部との関係、情報時代の文化の伝達・継承のあり方などは、ますます複雑なものとなっています。こうした時代においては、伝統の根拠は、過去のみに求められるものではない。むしろ、未来に向けて、それをどのように創ってゆくのかが重要になっています。今後は、時代を創るという姿勢で、桃太郎伝説を中心に新たな伝統を育んでゆくことが期待されています。

（3）「メルヘンの里・岡山」の創造

① 「メルヘン」とは何か

われわれが心に感じることは無限大です。どこまでが現実でどこからが非現実かの境界線は極めて不鮮明であり、現実と非現実の触れ合っている中間部がほとんどを占めているといえるでしょう。外から見えるものと、内に密かに漂っているものとは、相互に出入りし合って、外は時として内になり、外はまたいつかは内になります。そういう交流現象が現実世界であるとすれば、すべてのことに神秘や魔法的な要素が含まれていると言えます。現実の世界はメルヘン・ファンタジーに充ちみちた世界であると言っても過言ではないでしょう。

メルヘンは、単なる架空のお話ではなく、人生の真実を語るものです（アンゲリーネ・バウアー、2001）。メルヘン（おとぎ話、童話）や神話は、人類が営々としてつむいできた物語です。子ども向けの話になったのは、19世紀に入ってからにすぎません。

メルヘンを聞くことは、さらに触覚、味覚、臭覚、温かさや冷たさの感覚なども活発にします。メルヘンは情緒に訴えかけながら、人間にとってかけがえのないものを伝えるのです。多方面に感覚が開かれることによって、子どもの感性は実人生に対しても鋭くなります。感受性が深く豊かであるほど、人間は実り豊かな人生を送り、しっかり着実に歩いていけるのです。

② メルヘンの里へ

子どもは、すぐにメルヘンの世界に入り込み、メルヘンの主人公と語らい、親友になっていきます。メルヘンの主人公たちが、こんな場合にはこうしたらというアイディアを提供してくれます。愛や友情や誠実さは、すべてのメルヘンをつらぬく赤い糸のようなものと言えるでしょう。どんな悪だくみを受けても、裏切り者は最後に罰を受け、広い心をもつ者が花嫁を手に入れ、友情が孤独にうち勝つのです。ここでもメルヘンは、ひとりぼっちを抜け出す道を教えてくれます。人生いろいろあっても最後にはうまくいくはずだ、と心から信じられる者だけが人生を前向きに送ることができるのです。そのようなメルヘンの世界を現実世界と重ね合わせながら、どんな苦境にあっても夢と希望を持って進んでいける力をメルヘンから拝受しながら、力強く生きていく里、それが桃太郎を中心とした「メルヘンの里・岡山」になるよう努力したいものです。

（4）「瀬戸内海時代」を検証しよう

瀬戸内海は、東西に４５０キロメートル、南北は最も狭い所で５キロ、最も広い所で55キロの細長い海です。４つの海峡、紀淡海峡・鳴門海峡・豊予海峡・関門海峡によって外海と隔てられ波静かな内海です。世界有数の多島海としてもよく知られています（松岡進、１９７５）。

〈課題（43）〉
「瀬戸内海」は今何歳でしょうか。

答えから先に言うと、約1万歳です。縄文文化の早期には、まだ海水をたたえるようなこの瀬戸内海の姿はなく、中国地方も四国地方も陸続きであったようです（松岡進、1975）。人間はここを歩いて往来していた。そして狩りをしていたので、大三島の深山部落からは縄文時代の完全な有舌尖頭《せんとう》2個が発見されています。瀬戸内海がまだできていなかった縄文文化の早期の、人間生活の遺跡が大三島大見海岸の海面下数メートルの位置に横たわって埋もれているうえに、更に海面下10メートルの位置にも木材があるということが、発掘とボーリング調査の結果によって明らかになっています。

その後、地表の大海進がつづき瀬戸内海ができたのです。瀬戸内海は東西400キロメートルに及ぶ陥没地帯に海水をたたえて本州・四国・九州の間に横たわった。それ以来長い間に、人間はこの海の性質を知り、この海の力を盛んに活用するようになりました。やがて瀬戸内海地域自体に一つの文明が発生し、独自の文化が育ったが、それが周辺地域の日本文明を生み出し、日本文化を育てることにもなったのです。今日の我々は瀬戸内海横断の巨大な橋をいくつもかけて、縄文文化の時代の人々のように、この地域を再び自由に歩いて渡ろうとしているのです。

松岡進も提唱していますが、この間の今日までの約1万年にわたる時代を「瀬戸内海時代」と呼ぶことにしましょう。このようにして瀬戸内海は、そして日本全体も戦後の経済開発の嵐の下に屈して、変革の時代を迎えています。このような大きな分岐点にさしかかっている現代にあって、私たちは、1万年の生命をもった瀬戸内海が何であったかということを考え、蒼蒼《そうそう》として生きていた瀬戸内海が生命力にあふれながら日本の為に何をしてきたかというその功罪の歩みをたしかな資料と史実の上に立って厳正に整理し集約してみる責任があります。また、この大きな危機を乗り越えて新たな地平を切り拓いていく責任が課されているのです。

〈課題（44）〉
「瀬戸内海の特徴」は何でしょうか。

それは、この海が偶然にも東西に横わたり、アジア大陸の海と太平洋とに向かってちょうどいい出入り口を3個もつことになりました。瀬戸内海は、単なる航海のメーンルートや潮流エネルギーの廻路《かいろ》だけのものではなかった。潮流エネルギーは瀬戸内海地域そのものに多様な気候を与え、多種多様な生産物を育ててくれた。その結果、古来三千余島と呼ばれた島々は、この海をかこむ四斜面の海岸地帯に向かって多種多様な生産と文化の力をもたらしたのです。

「瀬戸内海の潮流エネルギーは大宇宙のもつ引力エネルギーによる月と太陽の運行につれて正確無比に動いたから、ここに住む人々には、自然に対する絶対的な信頼感を生じ、自然をみつめる科学心が発達した。それは、黄河やナイルの洪水に対する恐怖から生まれた天体観測のような会議や恐怖の科学ではなくて、天地の自然に対する信頼の科学であった。その結果、瀬戸内海人は『道』や『理《ことわり》』の存在を信じて、これを追究しつづけたのです」（松岡進、１９７５、22）。

このような瀬戸内海の特徴は、基本的に何を私たちに訴えかけているでしょうか。それは、基本的には「日本は海洋国家である」という事実です。特に中国・四国・九州をつなぐ瀬戸内海地方は、海洋地域、海洋民族を基本としていることを常に念頭に置いておかねばならない。馬や牛による輸送・運搬は、むしろ補助的なもので、陸運輸・交通を中心とした東北地方などとは、大きな文化のズレが生じてきたと言わなければならない。

「京都や奈良の内陸的な谷間の文化は、じつは瀬戸内海王国を主軸とする広大な海洋文明の枝葉に咲いた第二次的な末節の小花であるのに過ぎない。その根であり幹であったものはアジア大陸の文明に直結するわが瀬戸内海の文明であり瀬戸内海の文化であった。瀬戸内海文明には広大にひらける海洋性と遠大なアジアの天地につながる大陸性があり、瀬戸内海人には自然の天地をわが家とする広大な心がある」（松岡進、1975、30）

1万年にわたって果たしたこの海の役割の重要性とその功罪をしっかり認識し、海洋国家日本の歴史に立って、針路を見つめていかねばならない。海洋国家日本の中核を担ってきた瀬戸内海文明と瀬戸内海文化を基盤としてしか、吉備学の本質の大部分は明らかにならないでしょう。

あとがき

永い間教育界を歩んできて、「自分の言葉で、自己を語れ」を自分に言い聞かせてきました。学び行動してきたことを自分なりの整理法でまとめてみたものですから、自叙伝的性格がかなり色濃く出ています。そうなんです、「エピソード」に出てくる〝K氏〟というのは筆者なのです。

本書は、2年間にわたる地域創生リーダー養成塾「連塾」と「地域創生学研究所」での諸活動を基盤にしてまとめたものですが、今や吉備学助走期間を終え、いよいよ本走へのスタートラインに立つこととなりました。新たに「吉備学会」として、２００７年3月19日（月）午後2時から山陽新聞社「さん太ホール」で設立記念式・講演会を開催することになっています。

教育も人生も、「？」（疑問符）を「！」（感嘆符）に変える営みでありたいと願ってきました。「これ何？」と疑問を感じ、解明への好奇心が湧いてきたとき、次に待っているのが、「あっ、そうか」という感嘆です。疑問と好奇心と感嘆のチェインこそ、人を育てる源流でしょう。

吉備の地域には、実に多くの疑問が横たわり、感嘆への誘いの手が待ち受けています。一つの疑問が解決した瞬間に新たな疑問がまた起こって、新たな感嘆への旅が始まります。

面白い、楽しいと思える学びを自己体験することが原点です。孔子のことばに耳を傾けてみましょう。

「これを知る者はこれを好む者に如かず。これを好む者はこれを楽しむ者に如かず。」

楽しいが一番。好きが二番、知るのは三番です。吉備人が吉備を知り、好み、そして楽しむことのプロセスにおいて、初めて新たな吉備創生への学びと行動が創られてくるのです。

皆さんと共に、
「吉備を知ろう！」、
「吉備を好きになろう！」、そして
「吉備を楽しもう！」

平成19年3月吉日
著　　者

〈参考文献〉

相田みつを『しあわせはいつも』文化出版局
阿刀田高『ユーモア革命』文春新書（2001）
阿部謹也『世間学への招待』青弓社（2002）
阿部謹也『日本人の歴史認識』岩波新書（2004）
阿部美哉『国際文化学と英語教育』玉川大学出版部（1992）
網野善彦『歴史と出会う』洋泉社（2000）
アンゲリーネ・バウアー『子どもの心をいやす魔法のメルヘン』角川書店（2001）
池谷裕二『記憶力を強くする』講談社ブルーブックス（2001）
井関繁孝『世界に開く吉備文化』吉備人出版（2000）
伊丹仁朗『笑いの健康学－笑いが免疫力を高める』三省堂（1999）
市村佑一・大石慎三郎『鎖国＝ゆるやかな情報革命』講談社現代新書
井上宏『笑い学のすすめ』世界思想社（2004）
梅原猛『講座文明と環境第15巻：新たな文明の創造』朝倉書店（1996）
　　　『日本とは何なのか』ＮＨＫブックス（1990）
NHK[新環境]プロジェクト『NHK地球大好き環境新時代』NHK出版（2004）
NHK放送文化研究所編『現代日本人の意識構造』NHKブックス（2004）
大阪府『笑いと健康』啓発冊子（2006）
大西啓義『私塾が人をつくる』ダイアモンド社（1996）
岡山経済研究所『史話・瀬戸内の文化人』（2005）
おかやま桃太郎研究会『桃太郎は今も元気だ』岡山市デジタルミュージアム（2005）
小原信『ファンタジーの発想』新潮選書（1987）
小和田哲男『すぐわかる日本の歴史』東京美術
門脇禎二『吉備の古代史』山陽放送（1988）
木村尚三郎『風景は生きた書物だ』日本交通公社（1982）
金田一京助他『新選国語辞典』小学館
木原武一『天才の勉強術』新潮選書（1994）
黒澤勉『言葉と心』信山社（2005）
日下公人『21世紀世界は日本化する』PHP（2000）
小向敦子『カジュアル老年学』学文社（2003）
齋藤武夫『学校でまなびたい歴史』産経新聞社（2003）
佐伯胖他『言葉という絆』東京大学出版会（1995）
堺屋太一『私が愛する日本』文芸春秋特別版（2006・８）
『山陽新聞夕刊』「文化財今昔」（2005,11,21）
司馬遼太郎　『二十一世紀に生きる君たちへ』　世界文化社
進士五十八「日本の魅力は地域にあり」『人間会議』（2004夏号）
神野直彦「開花した『学びの社会』」『世界』（2001）

鈴木一郎『地域研究入門』東京大学出版会（1990）
鈴木一代『異文化遭遇の心理学』ブレーン出版（1997）
鈴木崇弘他『シチズン・リテラシー』教育出版（2005）
瀬沼克彰『生涯学習時代の到来』日本地域社会研究所（2004）
『大辞泉』小学館（1995）
高橋ますみ『老いを楽しむ向老学』学陽書房（2003）
高見茂『吉備王国残照』東京経済（1992）
田中章義『地球では１秒間にサッカー場１面分の緑が消えている』マガジンハウス（2002）
谷淵陽一『岡山古代史の謎と渡来人』吉備人出版（2001）
塚本三郎・吉田忠雄『新武士道―日本の魂』人間の科学社（2004）
辻信一「ハチドリのひとしずく」光文社（2005）
辻野功『大分学・大分楽』明石書店（2003）
鶴藤鹿忠『岡山県の食事文化』日本文教出版（1984）
恒吉僚子『人間形成の日米比較』中公新書（1992）
鍋倉健悦『異文化間コミュニケーションへの招待』北樹出版（1998）
奈良県立大学地域創造研究会『地域創造への招待』晃洋書房（2005）
新村出『広辞苑』岩波書店（1983）
昇幹夫『笑いは心と脳の処方箋』リヨン社（2003）
濱口恵俊『日本社会とは何か』NHKブックス（1998）
濱口恵俊『「間（あわい）の文化」と「独（ひとり）の文化」』知泉書館（2003）
福武一郎『桃太郎は吉備国に実在した』倉敷出版社（1986）
古川愛哲『「散歩学」のすすめ』中公新書（2005）
古田暁『異文化コミュニケーション・キーワード』有斐閣（1990）
ホールE.T.『文化を越えて』TBSブリタニカ（1979）
細谷憲政他『食生活論』第一出版（2002）
桝潟俊子・松村和則『食・農・からだの社会学』新曜社（2002）
松井孝典『宇宙人としての生き方－アストロバイオロジーへの招待』岩波新書（2003）
　　　　『地球学－長寿命型の文明論』ウェッジ（1998）
松岡進『瀬戸内文化の研究』瀬戸内海文化研究所（1975）
松長有慶『現代の宗教⑭仏教と科学』岩波書店（1997）
松畑熙一『生徒と共に歩む英語教育』大修館書店（1982）
　　　　『英語は楽しく学ばせたい』大修館書店（1987）
　　　　『早期英語教育』（編集代表）大修館書店（1983）
　　　　『中学校シリーズ・英語授業づくり』（全５巻）開隆堂（1988）
　　　　『自ら学ぶ力を育てる英語授業』研究社（1989）
　　　　『英語授業学の展開』大修館書店（1991）

『英語教育人間学の展開：英語教育と国際理解教育の接点を求めて』開隆堂（2002）
『英語教育実践学』開隆堂（2005）
村崎那男『脳を超えてハラで生きる』地湧社（2002）
森浩一他『瀬戸内の海人たち』中国新聞社（1997）
八島智子『第二言語コミュニケーションと異文化適応』多賀出版（2004）
矢吹邦彦『炎の陽明学－山田方谷伝』明徳出版社（1996）
山崎丈夫『地域コミュニティ論』自治体研究社（2003）
山下惣一『身土不二の探求』創森社（1998）
米田雅子他『団塊新現役世代』ぎょうせい（2005）
ロバート・ローゼン『グローバル・リテラシー』光文社（2001）
脇本忠明『「私が変わります」が地球を守る』三宝出版（2002）
和合治久『モーツァルトを聴けば病気にならない！』ＫＫベストセラーズ（2004）

●著者プロフィル
松　畑　熙　一（まつはた・きいち）
1940年3月31日生。学校法人中国学園・中国学園大学・中国短期大学学長。
広島大学教育学部高等学校教育科外国語科卒業。広島大学大学院教育学研究科修士課程
英語科教育学専攻修了。専門分野は、英語教育学・国際理解教育学
1985.10　岡山大学教育学部教授
1996.04　岡山大学教育学部長・研究科長
1998.08　岡山大学学生部長・学長補佐
1999.04　岡山大学副学長(1999.6まで)
2003.04　岡山大学副学長
2005.06　中国学園大学副学長
2006.06　中国学園大学学長（現在に至る）

●主な研究業績（著書）
『生徒と共に歩む英語教育』（大修館書店）
『英語は楽しく学ばせたい』（大修館書店）
『早期英語教育』（大修館書店）
『中学校シリーズ・英語授業づくり』（全5巻）（開隆堂）
『自ら学ぶ力を育てる英語授業』（研究社）
『英語授業学の展開』（大修館書店）
『英語教育人間学の展開：英語教育と国際理解教育の接点を求めて』（開隆堂）

●主な社会的活動
1997-2000　岡山県高等学校教育研究協議会会長
2001-2005　全国英語教育学会会長

「吉備学」への助走
「連塾・健塾・地域創生学研究所」の挑戦

2007年3月19日　初版発行

著　者　松　畑　熙　一
発　行　吉備人出版
〒700-0823　岡山市丸の内2丁目11-22
電話086-235-3456　ファクス086-234-3210
ホームページ　http://www.kibito.co.jp
Eメール　mail：books@kibito.co.jp
印　刷　広和印刷株式会社
製　本　有限会社岡山みどり製本

ISBN978-4-86069-163-9　C0095

実践を通して、地域創生学を研究しています！

地域創生学研究所

地域創生学研究所では、

地域創生に関する調査・研究を行い、

現在ある学問体系を総合的に再構築して

「総合学」として体系化し、産学官民協同研究によって

地域創生学としての「吉備学」を確立し、

活気に満ちた地域を創生することを目的としており、

「地域創生学研究会」を定期的に開催し、

地域創生学研究を進めています。

誰でもいつからでも入会できます。

▲地域創生学研究所をもっと詳しく知りたい方は下記まで！

〒700-0015 岡山県岡山市京山1丁目2番21号 コミュニティ・プラザ連塾
TEL/FAX 086-251-4615（塾長：松畑 熙一）
E-mail：info@renjuku.org Website:http://www.renjuku.org

本研究所を一つの母体として、『吉備学会』を
2007年3月19日に設立します。

生涯“楽”習健康法を共に考えてみませんか？

福寿社会創生活動塾　**健　塾**

健塾では、講義・演習・実技及び地域活動を通して、広く歴史・自然・社会・文化について学び、心身両面からの生き方健康学の理論と実践を通して、福寿社会創生に必要な態度・資質・能力を養います。

岡山から発信！桃太郎鍋！

■心豊かに生きる自己のＱＯＬ（生活の質）の向上に努めて、地域に「つながり」と「夢」と「元気」を創生し、活力みなぎるシニアライフが輝く「福寿社会」の創生を目指そう！

■生涯にわたって「楽習」し、常に一歩前への向上心を持つ「生涯“楽習”健康法」をつかんで「エイジズム（年齢差別）」の克服による「アンチ・エイジング」（抗老化）に努めよう！

■知育・徳育・体育・食育に基づく知力・健康・体力づくりのための諸活動に参加して、地域の人たちとの人間関係とコミュニケーション力を高め、サクセスフル・エイジングを獲得しよう！

● 福寿社会創生活動塾『健塾』に興味をもたれた方は下記まで！

〒700-0015 岡山県岡山市京山1丁目2番21号

コミュニティ・プラザ連塾

TEL/FAX　086-251-4615（塾長：松畑 熙一）